書画圖事 唐宋名家詩文

鲁文忠 著

长江出版传媒 长江文艺出版社

图书在版编目（ＣＩＰ）数据

唐宋名家诗文书画图事 / 鲁文忠著.-- 武汉：长
江文艺出版社，2017.10
　　ISBN 978-7-5354-9818-2

　　Ⅰ.①唐… Ⅱ.①鲁… Ⅲ.①诗人－生平事迹－中国
－唐宋时期②古典诗歌－诗集－中国－唐宋时期③古典散
文－散文集－中国－唐宋时期④汉字－法书－作品集－中
国－唐宋时期⑤中国画－作品集－中国－唐宋时期 Ⅳ.
①K825.6②I214③J222.4

　　中国版本图书馆 CIP 数据核字(2017)第 166608 号

责任编辑：张远林　　黄文娟　　　　　　责任校对：陈　琪

封面设计：徐慧芳　　　　　　　　　　　责任印制：邱　莉　　王　婷

出版：　长江出版传媒　　长江文艺出版社

地址：武汉市雄楚大街 268 号　　　　　邮编：430070

发行：长江文艺出版社

电话：027—87679360

http://www.cjlap.com

印刷：武汉市首壹印务有限公司

开本：700 毫米×920 毫米　　　　1/16　　印张：21　　插页：1 页

版次：2017 年 10 月第 1 版　　　　　2017 年 10 月第 1 次印刷

字数：300 千字

定价：48.00 元

目 录

缘　起

鲁文忠

　　二十世纪五十年代末，读大学中文系时，我比较偏爱中国古典文学。十多年后，我的兴趣逐渐从古代文论转向古典美学。在研习中国古典美学时，欣赏了大量优秀的中国古代书画作品，读了许多有美学意义的古代书论、画论和乐舞论。一片广阔新天地，眼界为之大开，深感中国古典文学与书画乐舞的相通互补，关系紧密。要想真正学好中国古典文学，实在是太应该对古代书法、绘画和音乐舞蹈有一些了解和接触。于是，在编著的《中国美学之旅》《中国古代音乐诗200首》《中国书画艺术史话》出版后，我就集中精力编选《古代名家诗文书画图事》。

　　最早将古代绘画作品植入中国文学史著作中，郑振铎《插图本中国文学史》功不可没。该书初版于1923年，年代较久远，且绘画作品大多采自郑氏私人收藏（西谛藏），有关诗文的画作颇显欠缺。上海人民出版社2005年重印该书时，即补充了较多的相关诗文插图。

　　二十一世纪初，中国的图书阅读，似乎进入了一个"读图时代"。各种内容、各种类型的图书都有插图本出版，几乎是"无图不成书，无书不插图"。中国文学史的出版也不例外。仅个人所见，二十一世纪头十年中期，就有七八种中国文学史出版（重版），无一例外地都是插图本。其中，有三种值得注意。除郑氏的增图重印本外，还有贵州人民出版社的《彩色插图本中国文学史》，董乃斌、钱理群主编，2004年版。另有一种并非一般意义上的插图本，为叙述方便，也姑且将其归之为插图本。那就是北京三联书店出版的《中国古典文学图志》，杨义著，2006年版。

　　之所以说《图志》并非一般意义上的插图本，是因其将画图视为"生命存在"（见该书书前"导言"），而不是仅仅为活跃版面或增加视觉形象而配图，甚至是为插图而插图。从《图志》已问世的《宋、辽、西夏卷》来看，不仅用图精当，超过了所有的文学史插图本，而且数量也比一般插图本多出二三倍。尽管如此，为该书文学史的基本性质所决定，书画作品的篇幅仍不及全书的十分之一。

综合言之，所有中国文学史插图本的共同不足之处，是书画作品的数量太少，不少重要作品未能选入，而且存在采选不够严谨、不规范等诸多问题。广大读者和研究人员，确实需要一本专门的，内容全面、系统、丰富、多样的中国古典诗文书画图集。为此，我不顾余年体衰，愿将长年积累的相关资料奉献出来，整理编著成《历代名家诗文书画图事》。

《图事》辑录的书画作品，包括三个方面的内容：诗文名家画像及生活情景图；诗文名篇的文意、诗意、词意画及书法作品；著名文学典故故事画。

《图事》的编著，朝着三大特点努力。

一是以"图"取胜。全文以图版为绝对主要。名家诗文原文多为人耳熟能详，也便于查到，所以多不引录。文字叙"事"（作家、诗文和书画作品的典故、故事），也是"有话则有，无话则无"，不强求对每一件作品都进行解读。

二是以"量"取胜。传世诗文的文学意义，通过同代或后代书画家的再创作，以不同的形态（书法或绘画）表现出来。要了解这种诠释的多角度、多层次和多义性，需要一定的数量作保证。总量上，本书汇集了作家图像、诗文书画作品约五百幅。个体上，对历代书画家热衷的主题（名家、名篇、名句），则不惜篇幅，广泛收录，如李白醉酒、苏东坡赤壁夜游等。

三是以"全"取胜。所谓"全"，一指书画作品形式全，包括了作家图像和生活情景画，根据传世诗文创作的书法（墨迹和碑刻等）、绘画（纸画、绢画、石刻拓片、版画、年画、工艺品画等）。二指包容年代全。全书大体按中国文学史框架结构。包括了从远古神话到明清诗文历朝的名家、名篇（名句）和名典。现在出版的这本《唐宋名家诗文书画图事》即为其中的唐宋部分，读者亦可据此了解全书的大概。

谨此赘言。

一、初唐诗文

1. 魏徵、王绩和寒山、拾得

图 1　魏徵画像

夜还东溪

唐·王绩

石苔应可践，丛枝幸易攀。

青溪归路直，乘月夜歌还。

图 2　王绩《夜还东溪》诗意图
明刊本《唐诗画谱》

寒山与拾得

寒山、拾得（生卒年不详），唐初贞观年间两位诗僧，分别居住在天台唐兴县寒岩和天台国清寺。后人辑得寒山诗三百余首，编为《寒山子诗集》，后附拾得诗五十余首。《劝戒诗》是寒山的代表诗作。

图 3 中右为寒山，左为破衣蓬发的拾得。

图 3　寒山拾得图
明·蒋贵

图 4　寒山拾得图
清·罗聘

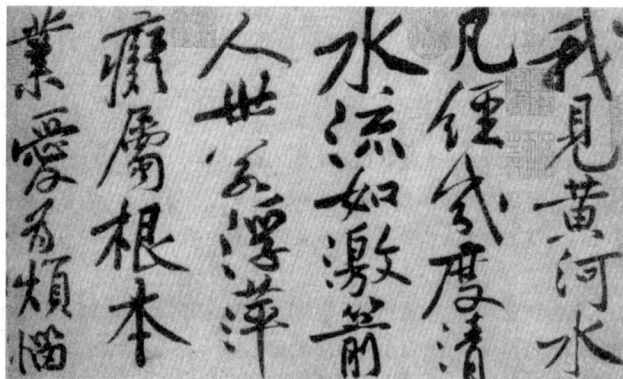

图 5　寒山子庞居士诗书帖（局部）
宋·黄庭坚

寒山《劝戒诗》（选录一首）

我见黄河水，凡经几度清。水流如急箭，人世若浮萍。痴属根本业，爱为烦恼坑。轮回几许劫，只为造迷盲。

黄庭坚是宋代书法四大家之一，书法以韵取胜。用笔多以欹侧取势，结字中宫敛集，长画呈辐射式四展，形成内聚外放、体势张扬、纵逸飞动的特点。书寒山子庞居士诗偈帖，是他晚年的书法杰作。

2. "初唐四杰" 之骆、卢、杨

骆宾王，"初唐四杰"之一。他曾参与徐敬业反武则天的军事行动，失败后下落不明。传说他削发为僧，遍游名山，曾居衡山和杭州灵隐寺，年九十余卒。这幅肖像当是画家据此传说臆作。

骆宾王诗文轶事两则

骆宾王（约 638—684 年），字观肖，婺州义乌（今属浙江）人。"初唐四杰"之一，曾任临海县丞，世称"骆临海"。徐敬业扬州起兵讨武后时，骆宾王为之写了《讨武曌檄》。敬业兵败，骆宾王不知所终。

骆宾王七岁能文，写有传诵甚广的《咏鹅》诗，人称神童。他写诗擅长于长篇歌行，有较强的人生实感，《在狱咏蝉并序》是其代表诗作。

著名的《讨武曌檄》，据说连武则天读后都深爱其才。

唐·段成式《酉阳杂俎》载说：

图 1　骆宾王画像
清·上官周《晚笑堂画传》

骆宾王为徐敬业作檄，极疏大周过恶。则天览及"蛾眉不肯让人，狐媚偏能惑主"，微笑而已。至"一抔之土未干，六尺之孤安在"，不悦曰："宰相何得失如此人！"

徐敬业（？—684 年）即李敬业，因反对武则天临朝在扬州起兵，兵败被部下所杀。骆宾王为徐敬业起草的《讨武曌檄》，又称

《代李敬业传檄天下文》（檄，用于晓谕、声讨的文书），是古代的散文名篇，清人编《古文观止》中亦选入。武则天读此文后的"不悦"，是因为宰相失掉了骆宾王这样有才能的人，既反映了武则天的爱才和精明，也从一个侧面说明了骆宾王的文才。

传说徐敬业兵败后，骆宾王削发为僧，遍游名山，曾居湖南衡山和杭州灵隐寺，年九十余卒。而在灵隐寺，又有为宋之问赠警策名句的传说。

唐·孟棨《本事诗·徵异》载：

宋考功以事累贬黜，后放还，至江南。游灵隐寺。

夜月极明，长廊吟行，且为诗曰："鹫岭郁岧峣，龙宫隐寂寥。"第二联搜奇思，终不如意。有老僧点长明灯，坐大禅床，问曰："少年夜夕久不寐，而吟讽甚苦，何邪？"之问答曰："弟子业诗，适偶欲题此寺，而兴思不属。"

僧曰："试吟上联。"即吟与听之，再三吟讽，因曰："何不云：'楼观沧海日，门听浙江潮。'"之问愕然，讶其遒丽。又续终篇曰："桂子月中落，天香云外飘。扪萝登塔远，刳木取泉遥。霜薄花更发，冰轻叶未凋。待入天台路，看余度石桥。"僧所赠句，乃为一篇之警策。迟明更访之，则不复见矣。寺僧有知者，曰："此骆宾王也。"

图2　骆宾王《于易水送人一绝》诗意图
近代·马骀

宋考功即宋之问，他曾官考功员外郎。灵隐寺，又名云林禅寺，在今浙江杭州。

图左题原诗曰：此地别燕丹，壮士发冲冠。昔时人已没，今日水犹寒。

图 3　卢照邻画像

清·上官周《晚笑堂画传》

图 4　卢照邻《蓂川独泛》诗意图

明刊本《唐诗画谱》

楊盈川

盈川與王盧駱為四傑嘗謂吾愧在盧前恥居王後重之者崔融李嶠張說謂勃文章宏逸有絕塵之姿固非常派而及烟與照鄰可以企及說謂楊盈川文思如懸河注水酌之不竭既優柊盧亦不戚王其稱恥居王後信然愧在盧前謙也

图 5　杨炯画像

清·上官周《晚笑堂画传》

唐宋名家诗文书画图事

008

3. "初唐四杰"之王勃

图 1 王勃画像
清·上官周《晚笑堂画传》

杜少府，诗人的友人，姓杜，任少府之职。他要去蜀州（今四川崇庆县）赴任，王勃当时在长安任职，就为他写了这首著名的送别诗。诗作一反送别诗常有的黯然神伤的情调，而是以清新健康、奋发向上的精神来劝慰朋友，也激励自己。其中"海内存知己，天涯若比邻"，更是千古传诵的不朽名句。

全诗为：

城阙辅三秦，风烟望五津。

与君离别意，同是宦游人。

海内存知己，天涯若比邻。

无为在岐路，儿女共沾巾。

图 2 "杜少府之任蜀州诗篆书贴"
清·钱坫

图3　王勃《早春野望》诗意图
明刊本《唐诗画谱》

图4　"阁中帝子今何在，槛外长江空自流"（王勃《滕王阁诗》）诗意图
清·王恒

图5　滕王阁图

宋·佚名

作《滕王阁序》王勃展才

王勃（649—676年），字子安，绛州龙门（今山西河津市）人。十四岁应举及第，授朝散郎。虢州参军任上，犯了死罪，遇赦革职。父受牵连，左迁交趾令。王勃渡海省亲，溺水而亡。

唐初五言律诗，由于"初唐四杰"的努力，渐趋成熟。作为"初唐四杰"的主将，王勃在这方面成就最高。有《王子安集》。

《新唐书·王勃传》载有赋《滕王阁序》，王勃展才的著名典故：

……九月九日都督大宴滕王阁，宿命其婿作序以夸客，因出纸笔遍请客，莫敢当，至勃，汎然不辞。都督怒，起更衣，遣吏伺其文辄报。一再报，语益奇，乃矍然曰："天才也！"请遂成文，极欢罢。勃属文，初不精思，先磨墨数升，则酣饮，引被覆面卧，及寤，援笔成篇，不易一字，时人谓勃为腹稿。

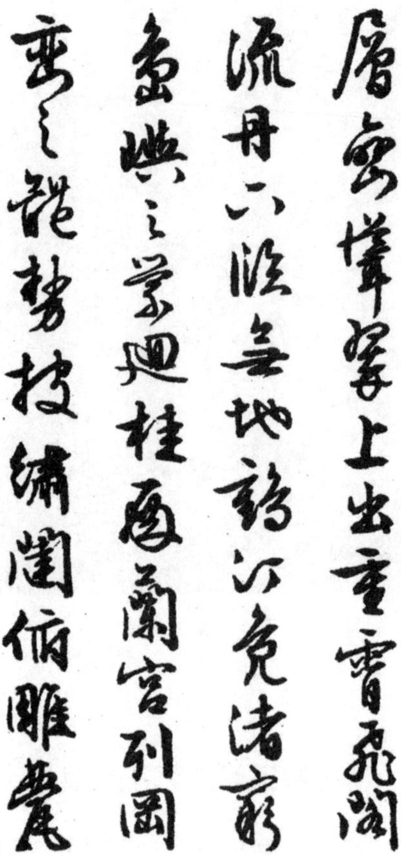

层峦耸翠，上出重霄；飞阁流丹，下临无地。鹤汀凫渚，穷岛屿之萦回；桂殿兰宫，列冈峦之体势。披绣闼，俯雕甍。

图 6　《滕王阁序》行书帖

明·文徵明

图 7　粉彩滕王阁山水暖锅

图 8　落霞孤鹜图

明·唐寅

　　"落霞与孤鹜齐飞，秋水共长天一色"，是《滕王阁序》中的精警之句，历来广为世人传诵。唐寅据此所画《落霞孤鹜图》，亦是古代山水名画，唐寅画上题诗曰："画栋珠帘烟水中，落霞孤鹜渺无踪。千年想见王南海，曾借龙王一阵风。"

　　唐寅画作，墨色润泽，格法虽严谨，但山石水树，晚晴霞光的处置，极有笔墨情趣。

王勃作文，妙句惊阎公

五代·王定保《唐摭言》载：

王勃著《滕王阁序》，时年十四。都督阎公不之信。勃虽在座，而阎公意属子婿孟学士者为之，已宿构矣。及以纸笔巡让宾客，勃不辞让。公大怒，拂衣而起，专令人伺其下笔。第一报云："南昌故郡，洪都新府。"公曰："亦是老先生常谈！"又报云："星分翼轸，地接衡庐。"公闻之，沉吟不言。又云："落霞与孤鹜齐飞，秋水共长天一色。"公矍然而起曰："此真天才，当垂不朽矣。"遂亟请宴所，极欢而罢。

4. 贺知章和张旭、张若虚和张九龄

贺知章（659—744 年），字季真，会稽（今浙江杭州）人。官至太子宾客、秘书监。他放诞嗜酒，善草隶，为唐草先驱。存诗一卷，流传最广的是七绝《咏柳》和《回乡偶书》。

图 1　贺知章画像

"知章骑马似乘船，眼花落井水底眠。"
——唐·杜甫
《饮中八仙歌》

图 2　贺知章醉酒图

清·任熊《於越先贤像传赞》

回乡偶书（二首之一）

少小离家老大回，
乡音无改鬓毛衰。
儿童相见不相识，
笑问客从何处来。

图3　"儿童相见不相识，笑问客从何处来"
（贺知章《回乡偶书》）诗意图
清·钱慧安

张旭（生卒年不详），字伯高，苏州吴县（今属江苏）人。官至左率府长史，人称张长史。善草书，世称"草圣"。存写景绝句六首，《桃花溪》《山客》流传甚广。

图4　张旭画像

清刊本《吴郡名贤图传赞》

图5　张若虚《春江花月夜》诗草书帖（后段）

明·祝允明

张若虚（生卒年不详），扬州（今属江苏）人。曾任兖州兵曹。与贺知章、张旭、包融并称"吴中四士"。存诗两首。而仅此被称为"孤篇压全唐"的《春江花月夜》一首，即成就了张若虚的千古诗名。

图 6　张九龄画像

图 7　张九龄石刻像

5. 陈子昂

图1 陈子昂画像

图2 弄胡琴图

清·王树穀

陈子昂摔琴赠诗文

初唐文学家陈子昂（661—702 年），字伯玉，梓州射洪（今属四川）人。他提倡汉魏风骨，反对六朝绮靡文风，是唐代诗文革新的先驱。《修竹篇序》和《感遇》诗三十八首、《蓟丘览古》《登幽州台歌》等是他的代表诗文。

据传，陈子昂居长安十年，默默无闻。后购得价一百万钱的胡琴，于是请客来家赴宴，并听他的胡琴演奏。是日，有百余人赴宴，都是一时名流。酒宴结束后，陈子昂捧出胡琴对众人说："我有众多文章，奔走京师，碌碌无闻。演奏乐器是乐工的事，我那里会去花这精力。"说罢，毁弃了胡琴，令家人抬出两桌文稿，遍赠众宾客。会散后，一日之内，陈子昂誉满京都。当时武攸宜为建安王，于是聘请陈子昂做了记室（秘书）。

这则传闻，唐代李冗《独异志》补佚，宋代计有功《唐诗纪事》卷八等均有记载。宋初李昉《太平广记》中这样记叙道："陈子昂，蜀射洪人。十年居京师不为人知，时东市有卖胡琴者，其价百万。日有豪贵传视，无辨者。子昂突出于众，谓左右：'可辇千缗市之。'众咸惊，问曰：'何用之？'答曰：'余善此乐。'或有好事者曰：'可得一闻乎？'答曰：'余居宣阳里。并具有酒，明日专候，不唯众君子荣顾，其各宜邀召闻名者齐赴，乃幸遇也。'来晨，集者凡百余人，皆当时重誉之士。子昂大张宴席，具珍羞。食毕，起，捧胡琴当前语曰：'蜀人陈子昂，有文百轴，驰走京毂，碌碌尘土，不为人知。此乐贱工之役，岂愚留心哉。'遂举而弃之。异文轴两案，遍赠会者。会既散，一日之内，声华溢都。"

这则传闻，也成了画家的画题，有《摔琴图》《弄胡琴图》等多件画作传世。

武则天万岁通天元年（696 年），陈子昂随武攸宜军讨契丹，因军事失利，屡屡进谏不见用，反遭贬斥。苦闷抑郁中，诗人登蓟北楼（即幽州台，故址在今北京市西南角），感昔抚今，不禁"泫然流涕而歌"，吟成此诗。诗境雄浑苍茫，格调凄凉悲壮，是为震烁千古的名篇《登幽州台歌》：

　　　　前不见古人，后不见来者。

　　　　念天地之悠悠，独怆然而涕下。

二、盛唐诗文

1. 王之涣、王昌龄和王湾

图1　王之涣画像

图2　旗亭赌唱图
明刊本杂剧《旗亭宴》插图

王之涣与诗友旗亭赌唱比高下

　　开元、天宝年间的盛唐诗歌，有所谓"边塞诗"和"山水田园诗"两大流派。王昌龄、高适和王之涣齐名，都是"边塞诗派"的重要诗人乃至主将。三人在未做官之前处境相似，曾有过一次旗亭赌唱的趣事。唐代薛用弱《集异记》所记甚详。其文曰：

开元中诗人，王昌龄、高适、王之涣齐名。时风尘未偶，而游处略同。

一天，天寒微雪。三诗人共诣旗亭，贳酒小饮。忽有梨园伶官十数人，登楼会宴。三诗人因避席隈映，拥炉火以观焉。俄有妙妓四辈，寻续而至，奢华艳曳，都冶颇极。旋则奏乐，皆当时之名部也。昌龄等私相约曰："我辈各擅诗名，每不自定其甲乙，今者可密观诸伶所讴，若诗入歌词之多者，则为优矣。"

俄而一伶，抨节而唱曰："寒雨连江夜入吴，平明送客楚山孤。洛阳亲友如相问，一片冰心在玉壶。"昌龄则引手画壁曰："一绝句。"寻又一伶讴之曰："开箧泪沾臆，见君前日书。夜台何寂寞，犹是子云居。"适则引手画壁曰："一绝句。"寻又一伶讴曰："奉帚平明金殿开，强将团扇共徘徊。玉颜不及寒鸦色，犹带昭阳日影来。"昌龄则又引手画壁曰："二绝句。"之涣自以得名已久，因谓诸人曰："此辈皆潦倒乐官，所唱皆'巴人下里'之词耳，岂'阳春白雪'之曲，俗物敢近哉？"因指诸妓之中最佳者曰："待此子所唱，如非我诗，吾即终身不敢与子争衡矣。若是吾诗，子等当须列拜床下，奉吾为师。"因欢笑而俟之。

须臾次至双鬟发声，则曰："黄河远上白云间，一片孤城万仞山。羌笛何须怨杨柳，春风不度玉门关。"之涣即揶揄二子曰："田舍奴，我岂妄哉！"因大谐笑。诸伶不喻其故，皆起诣曰："不知诸郎君何此欢噱？"昌龄等因话其事。诸伶竞拜曰："俗眼不识神仙，乞降清重，俯就筵席。"三子从之，饮醉竟日。

此事后来被演绎成明清时期的杂剧、传奇多种，这里采录的《旗亭赌唱图》即为明刊本佚名作者杂剧《旗亭宴》的插图。

图 3　琉璃堂人物图

五代·周文矩

盛唐诗人　王昌龄（698—756 年），字伯安，太原（今属山西）人。诗作句奇格妙，雄浑自然，尤擅七绝，人称"七绝圣手"。

王昌龄在江宁县丞任所的琉璃堂厅前，常与诗友聚会吟唱，《琉璃堂人物图》即描绘这一场景。全图共十一人：士人七，僧一，侍者三。此处截录画的前段，正面穿黑衣、左手外指的当是主要人物王昌龄，右边倚松的为诗人李白。

据传，此图的中、后段宋摹本，题为《文苑图》，但有人指出与前段并非同一幅画作。

图4　王昌龄《望月》诗意图
明刊本《唐诗画谱》

图5　"潮平两岸阔，风正一帆悬"
（王湾《次北固山下》诗意图）
明刊本《十竹斋笺谱》

王湾《次北固山下》诗轶事

诗人王湾（生卒年不详），洛阳（今属河南）人。虽诗名早著，但为人称赏的好诗不过一二首。他游览吴地时，写下了《次北固山下》一诗，其中的"海日生残夜，江春入旧年"一联，为前代诗人少有。燕国公张说亲手将其题写于宰相政事堂，"每示能文之士，令为楷式。"（唐·殷璠《河岳英灵图》）《次北固山下》全诗为：

次北固山下

王　湾

客路青山下，行舟绿水前。潮平两岸阔，风正一帆悬。
海日生残夜，江春入旧年。乡书何处达，归雁洛阳边。

2. 孟浩然

图2　孟浩然画像
清·上官周《晚笑堂画传》

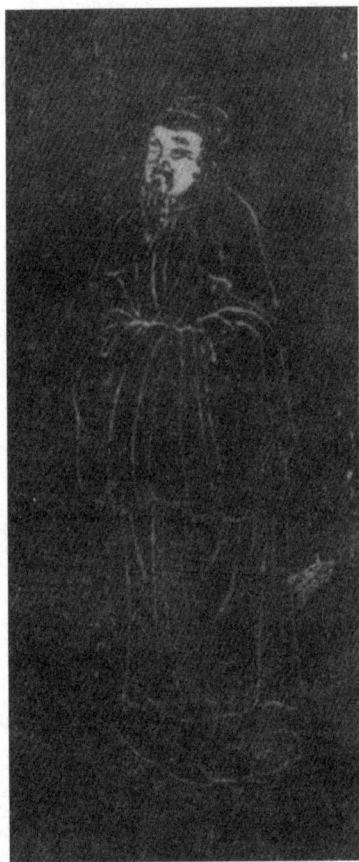

图1　孟浩然石刻像

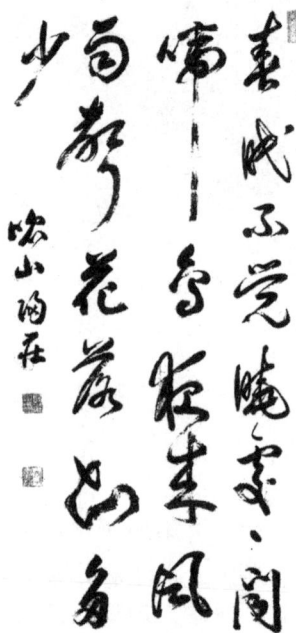

图3　《春晓》诗草书帖
明·归庄

春　晓

唐·孟浩然

春眠不觉晓，处处闻啼鸟。

夜来风雨声，花落知多少?

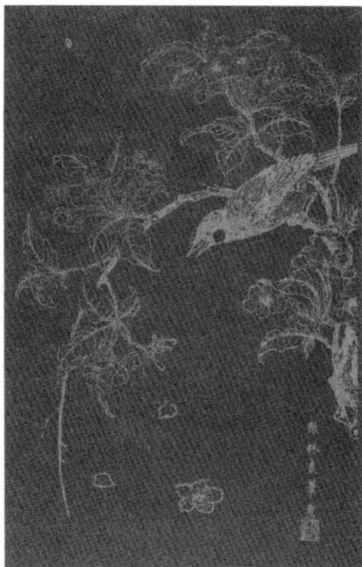

图4 《春晓》诗意图
明刊本《唐诗画谱》(西谛藏本)

图5 "夜来风雨声,花落知多少"
(孟浩然《春晓》诗意图)
清·钱慧安

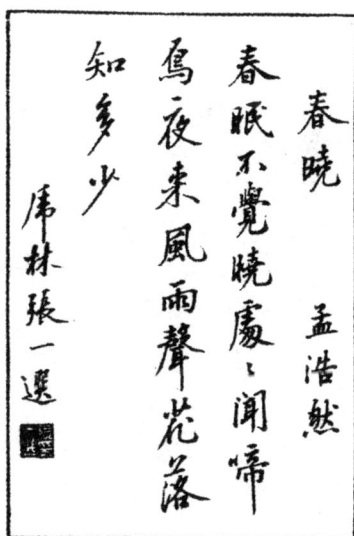

图6 《春晓》诗意图并书
清刊本《诗画舫》

3. 王维

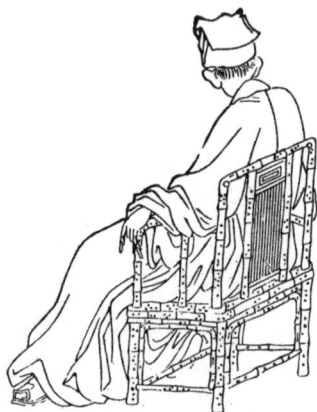

图 1 王维画像
清·上官周《晚笑堂画传》

图 2 王维画像
清刊本《三十六诗仙图》

图 3 辋川图
唐·王维（传）

图 4　辋川图

南宋·佚名

王维集诗《辋川集》，自画山水《辋川图》

辋川位于今陕西西安南郊蓝田县的西南，是秦岭北麓的一条秀美川道。王维晚年在蓝田辋口得初唐著名诗人宋之问蓝田别墅，改筑别业，即隐居于此，悠然淡泊。曾集其所作诗号为《辋川集》，并自画辋川山水为《辋川图》。《辋川图》绘群山环抱中的别墅，由墙廊围绕，形似车辋。墅外蓝河蜿蜒流淌，有小舟载客而过。意境淡泊，悠然超尘，是王维为数不多的青绿重彩画作之一。《辋川图》现藏于日本圣福寺，后人考订为唐代摹本。

《辋川图》画卷，山谷郁郁盘盘，云水飞动，意出尘外，悟生笔端。不仅是一幅可谓烟云供养的杰作，甚至可以用来养性疗病。宋代著名词人秦观在《书辋川图后》（《淮海集》卷三十四）中，就记叙了他用《辋川图》治病的事例。

有一年，秦观在河南汝阳得了肠胃病，一位姓高的朋友送来《辋川图》为他治病。秦观朝夕欣赏这幅名画，好像呼吸着辋川的清新空气，在辋川优美的自然山水中徜徉，不久，病就好了。

图 5　王维《白鹦鹉赋》书帖（石刻拓本）

唐·韩愈

4. 王维诗歌

图 1 《少年行》诗意图
明刊本《唐诗画谱》

图 2 《田园乐》诗意图
明刊本《唐诗画谱》

图绘竹下抚琴的王维。原诗如下：

竹里馆

唐·王维

独坐幽篁里，弹琴复长啸。

深林人不知，明月来相照。

图 3 《竹里馆》诗意图
明刊本《唐诗画谱》

中岁颇好道，晚家南山陲。兴来每独往，胜事空自知。行到水穷处，坐看云起时。偶然值林叟，谈笑无还期。会用写王维句 图

图4 《终南别业》诗意图
近代·马骀

画的左上角题全诗为：

"中岁颇好道，晚家南山陲。兴来每独往，胜事空自知。行到水穷处，坐看云起时。偶然值林叟，谈笑无还期。"

红豆

唐·王维

红豆生南国，春来发几枝。

愿君多采撷，此物最相思。

图 5 "愿君多采撷，此物最相思"

《红豆》诗意图

清·胡锡珪

图6 《九月九日忆山东兄弟》诗意图
清·石涛

图7 桃花源诗书帖
明·何焯

图 8　桃花源图

明·周臣

图 9　王维"闭户著书岁月多，
种松皆作老龙鳞"诗意图

明·陈裸

人家在仙掌
云气欲生衣
王右丞诗意
甲子秋七月元
宰相老先生画

图 10　王维诗意图
明·董其昌

图 11　王维诗意图
近代·陈衡恪

5. 高适、崔颢、刘长卿与金昌绪

图1 高适过汴州，与李白、杜甫等酒酣登吹台图
明刊本《酣酣斋酒牌》

高适（702—765年），字达夫，沧州渤海蓨（今河北景县）人。官至刑部侍郎、散骑常侍，封渤海县侯，世称"高常侍"。有《高常侍集》，存诗二百余首。

高适长于七古，尤以七言歌行为佳。风格豪放粗犷，古朴自然，是盛唐边塞诗的主将，与岑参齐名，并称"高岑"。

天宝三年，高适过汴州，与李白、杜甫等相聚。游梁园、登吹台，发思古之幽情，抒胸中之块垒。

图2　"自把玉钗敲砌竹，清歌一曲月如霜"（高适《听张立本女吟》诗意图）

明刊本《唐诗画谱》

图3　古黄鹤楼图

明·安正文

黄鹤楼

唐·崔颢

昔人已乘黄鹤去，此地空余黄鹤楼。黄鹤一去不复返，白云千载空悠悠。晴川历历汉阳树，芳草萋萋鹦鹉洲。日暮乡关何处是？烟波江上使人愁。

崔颢（？—754年），汴州（今河南开封）人。明人辑有《崔颢集》。其传诵最广的代表作当是被誉为"黄鹤楼绝唱"的《黄鹤楼》诗。

黄鹤楼相传始建于三国吴黄武二年（223年），故址在湖北武昌蛇山黄鹄（鹤）矶上，因此得名（亦有说因仙人或蜀人黄文祎乘鹤登仙，经过此地，因建楼得名）。历代屡毁屡建，1982年新建黄鹤楼于蛇山山头。登楼可以俯临长江、汉水，放眼千里之外，极为壮观。崔颢这首诗既写黄鹤楼的传说，又写远眺景物，并由此而生思乡之情境界开阔，气势雄大，情景交融，自然超妙，在当时就极负盛名。传说李白登黄鹤楼，本拟题诗，看见崔颢这首诗，慨叹道："眼前有景道不得，崔颢题诗在上头"，因而作罢（见《唐才子传》）。此虽为传说，但这确实是一首"擅千古之奇"的览胜名作。宋代著名文艺批评家严羽就曾说："唐人七言律诗，当以崔颢《黄鹤楼》为第一。"当代有学者依据一定的标准对唐诗进行排行统计，结果，《黄鹤楼》高居全唐诗的排行榜首（见《唐诗排行榜》，中华书局2011年9月版）。

图 4　刘长卿画像
清·上官周《晚笑堂画传》

逢雪宿芙蓉山主人

唐·刘长卿

日暮苍山远，天寒白屋贫。

柴门闻犬吠，风雪夜归人。

　　刘长卿（约726—786年）字文房，河间（今属河北）人，卒于随州刺史任上，世称"刘随州"。存《刘随州集》。绝句《逢雪宿芙蓉山主人》描绘了一幅寒山夜宿图，语言精炼，含蓄亲切，意味无穷，为世人称赏。

图5　刘长卿《逢雪宿芙蓉山主人》
诗意图
明刊本《唐诗画谱》

图6　刘长卿《逢雪宿芙蓉山主人》
诗意图
现代·佚名

春 怨

唐·金昌绪

打起黄莺儿，莫教枝上啼。

啼时惊妾梦，不得到辽西。

金昌绪，余杭人。约生活在唐玄宗开元时期，仅存《春怨》诗一首，却使他在唐诗史上立名。

图 7　金昌绪《春怨》诗意图

（原图题《弄莺图》）

清·王学浩

三、李白诗文

1. 李白图像及生活情景画

图 1 李白画像
清·南熏殿旧藏《圣贤画册》

　　李白（701—762 年），字太白。祖籍陇西成纪（今甘肃秦安），出生于中亚碎叶（今巴尔喀什湖南面的楚河流域），五岁随父迁居绵州隆昌（今四川江油）清廉乡，故又号青莲居士。二十五岁出蜀远游，后在湖北安陆成家寓居。三十五岁迁居任城（今山东济宁）。四十二岁被召至京，供奉翰林，三年后即上疏请求还乡。安史之乱时，李白应邀参加永王璘的幕府，因永王璘谋反受牵连，被流放夜郎，行至巫山被赦还。后李白往来于宣城、历阳等地，六十一岁时，卒于安徽当涂。

　　李白是唐代最伟大的诗人之一，其诗作具有惊风雨、泣鬼神的艺术魅力。清人王琦辑注《李太白文集》三十六卷，最为详备，可供参读。

图2　李白画像
清初·金史（古良）《无双谱》

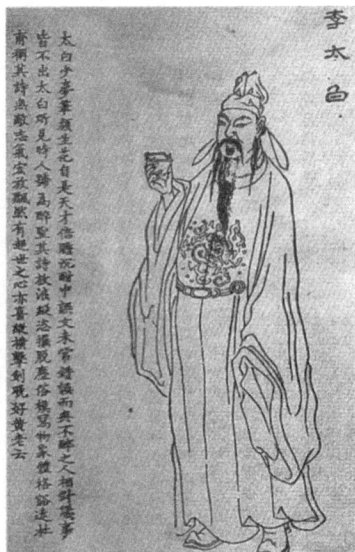

图3　李白
清·上官周《晚笑堂画传》

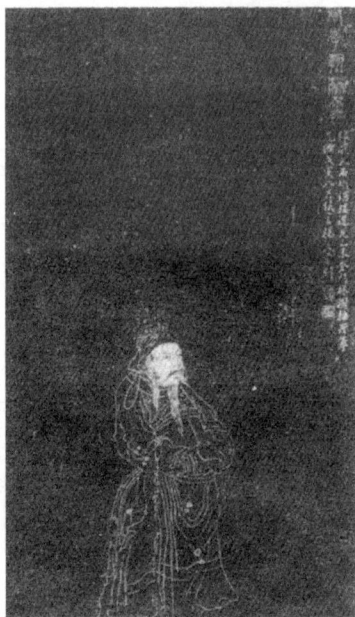

图4　安徽采石矶李白石刻像

图5　李太白像
现代·傅抱石

传说中，李白是在安徽当涂采石矶因酒醉于水中捞月，溺水而亡。

图 6　竹溪六逸图
孙俍工编《中国文艺辞典》
（民智书局 1931 年版）

李白自幼嗜酒，年轻时就常与友人于竹林中开怀畅饮，赋诗作乐。《旧唐书·文苑列传》中说，李白曾与鲁中诸生孔巢父、韩准、裴政、张叔明、陶沔等，隐于徂徕山，酣歌纵酒，时号"竹溪六逸"。

《藏云图》取材于李白以瓶藏云的典故。此为图的中段，画李白盘腿坐于四轮盘车上，缓行于山路中。他仰头凝视头顶上之云气，神态安详，闲适潇洒。一僮肩搭牵绳拉车，一僮肩荷竹杖作导引的样子。

图 7　藏云图
明·崔子忠

被誉为中国写意人物画稀世珍品的《李白行吟图》，是南宋梁楷减笔描的代表作。图中的李白仰面苍天，缓步吟哦。寥寥数笔，就把一代诗仙豪放不羁、傲岸不驯的飘逸神韵勾画了出来。

图 8　李白行吟图

南宋·梁楷

画的左上方录杜甫《饮中八仙歌》诗四句："李白斗酒诗百篇，长安市上酒家眠。天子呼来不上船，自称臣是酒中仙。"

图9　醉太白图

清·苏六朋

图 10　醉仙图（李白部分）
清·改琦

图 11　粉彩李白醉酒图花盆

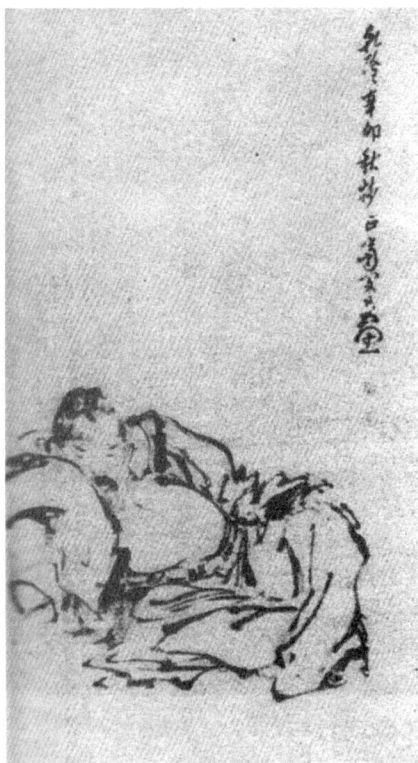

图 12　太白醉酒图
清·闵贞

2. "醉圣" 应诏作佳词

李白嗜酒，不拘小节，然沉酣中所撰文章，未尝错误；而与不醉之人相对议事，皆不出太平所见，时人号为"醉圣"。

——五代·王仁裕《开元天宝遗事》

李白醉酒应诏作《清平调三章》

开元年间，唐玄宗令太监移植牡丹（木芍药）于沉香亭前，与杨贵妃共同欣赏。又命宫廷乐师李龟年，持金花笺召李白作新词以歌之。时当李白正大醉，太监以冷水洒面，他才稍稍清醒，于是提笔作《清平调三章》。

事见《唐诗纪事》《太真外传》等书所记。明代佚名作者杂剧《沉香亭》即演绎此事。

宋初乐史《太真外传》记说甚详：

开元中，禁中重木芍药，即今牡丹也。得数本红、紫、浅红、通白者，上因移植于兴庆池东，沉香亭前。会花方繁开，上乘照夜白，妃以步辇从。诏选梨园子弟中尤者，得乐一十六色。李龟年以歌擅一时之名，手捧檀板，押众乐前，

图1 "醉圣"应诏
明刊本《酣酣斋酒牌》

将欲歌之。上曰："赏名花，对妃子，焉用旧乐为？"遽命龟年持金花笺，宣赐翰林学士李白立进《清平乐词》三章。白承旨，宿醒未解，因援笔赋之。龟年捧词进。上命梨园子弟略约词调，抚丝竹，遂促龟年以歌之。

又，唐代孟棨《本事诗·高逸》则有李白酒醉奉诏作《宫中乐八首》的事记：

（玄宗）尝因宫人行乐，谓高力士曰："对此良辰美景，岂可独以声伎为娱？倘时得逸才词人吟咏之，可以夸耀于后。"遂命召白。时宁王邀白饮酒，已醉。既至，舞拜颓然。上知其薄声律，谓非所长，命为《宫中行乐》五言律诗十首。白顿首曰："宁王赐臣酒，今已醉，倘陛下赐臣无畏，始可尽臣薄技。"上曰："可。"即遣二内臣掖扶之，命研墨濡笔以授之，又令二人张朱丝栏于前。白取笔抒思，略不停缀。十篇立就，更无加点。笔迹遒利，凤峙龙拏。律度对属，无不精绝。

清平调三章

唐·李白

云想衣裳花想容，春风拂槛露华浓。

若非群玉山头见，会向瑶台月下逢。

图2　《清平调》诗意图

清·苏六朋

一枝红艳露凝香，云雨巫山枉断肠。
借问汉宫谁得似，可怜飞燕倚新妆。

名花倾国两相欢，常得君王带笑看。
解释春风无限恨，沉香亭北倚阑干。

图3　沉香亭图

清·袁江

3. 《蜀道难》诗意图

贺知章金龟换酒待李白

《蜀道难》本乐府《瑟调曲》篇名，歌辞内容大多写入蜀山路的艰难。南朝梁时，简文帝萧纲、刘孝威等都曾写过。历代以此为题的诗作中，当以李白所写最为出色，想象丰富，感情激越，笔力雄健，音调铿锵，是李白浪漫主义诗风的代表作。

据载，李白初到京师，贺知章闻其名，"首访之"，就是因称叹其《蜀道难》，而留下了一段金龟换酒的佳话。对此，李白是极以为荣的。他在《对酒忆贺监》诗序中说："太子宾客贺公，于长安紫极宫一见余，呼余为谪仙人，因解金龟换酒为乐。"（金龟，唐代三品以上官员的一种佩饰，此处泛指佩带上的珍贵杂玩。）

唐代孟棨《本事诗·高逸》所记较为详尽："李太白初自蜀至京师，舍于逆旅。贺监知章闻其名，首访之。既奇其姿，复请所为文。出蜀道难以示之。读未竟，称叹者数四，号为谪仙人，解金龟换酒，与倾尽醉。期不间日，由是称誉光赫。"

后人以《蜀道难》为题的画作甚多，有的虽不一定纯粹是为

图 1　剑阁图
明·仇英

李白诗意作画,但受其影响则是肯定的。有趣的是,清代罗聘在画作题识中说,他未到过剑阁,为作画而展读李诗,"戏成"《剑阁图》。

罗聘据诗图《剑阁》

清代画家罗聘的《剑阁图》是一幅优秀的山水画作。画的顶端画家题词曰:"水屋先生将入蜀赴简州任,索予作剑阁图。噫,予何从而得睹剑阁之状哉。因展太白蜀道难一篇读之,戏成此纸,然不过予意中之剑阁耳。先生诗画雄于北地,从此历险磴、经奇崖,不妨寓于目而会于心,作一巨幅以寄我,使我神游于卷轴间,见剑阁见先生也。两峰弟罗聘。"

图的上方画峻岭、雄关,通以栈道;下为客店、行旅,笔法苍逸,设色浓郁,被视为罗聘的精心之作。

《剑阁图》据《蜀道难》诗想象摹拟创作,成功地画出了蜀道的险难,表现了画家杰出的绘画才能,也说明诗作形象生动鲜明,极富感人的艺术魅力。

图 2　蜀道图

明·谢时臣

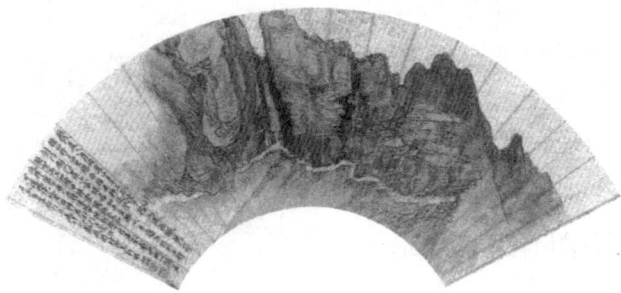

图 3　剑门（扇面）
清·恽寿平

图 4　剑阁图
清·罗聘

图 5　蜀道难
清·袁耀

图 6　蜀道难

清·陆恢

4. 望庐山瀑布和登金陵凤凰台

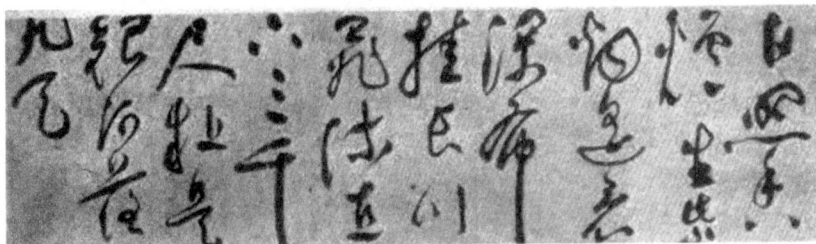

图1 《望庐山瀑布》诗草书帖
明·祝允明

江西九江市南的庐山，风景奇秀，诸多胜景，香炉峰瀑布即为其一。李白大约是在出蜀后的第二年（开元二十四年），游庐山时写下了这首千古名诗。诗作手法夸张，比喻生动。难怪宋代大诗人苏轼要说："帝遣银河一派垂，古来难有谪仙词。"（宋代《韵语阳秋》）其诗曰：

> 日照香炉生紫烟，
> 遥看瀑布挂前川。
> 飞流直下三千尺，
> 疑是银河落九天。

图2 《望庐山瀑布》诗意图
清·高其佩

图 3　匡庐秋瀑图
明·吴振

图 4　《望庐山瀑布》图
明·谢时臣

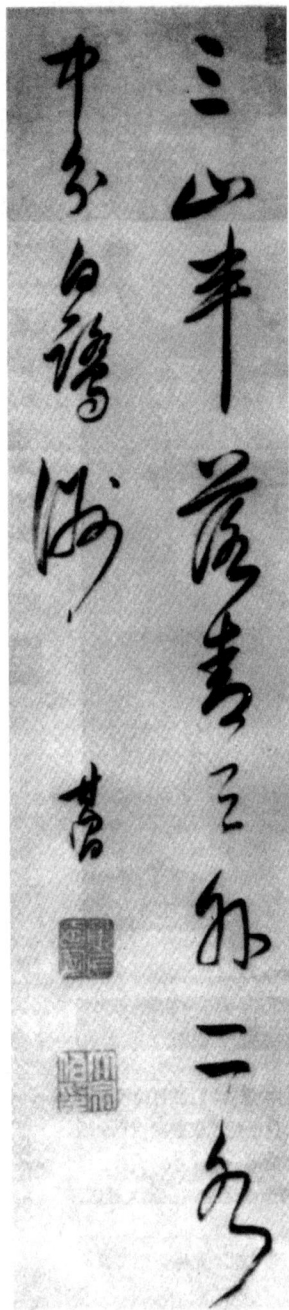

图5　《登金陵凤凰台》
诗句书联
明·董其昌

图6　《登金陵凤凰台》诗意图
清·林瑞生

李白作《登金陵凤凰台》诗轶事

崔颢《黄鹤楼》诗，是一首"擅千古之奇"的览胜名作。相传李白登临黄鹤楼时，亦欲作诗，但读到崔诗后，即说："眼前有景道不得，崔颢题诗在上头。"因而搁笔。李白后来到了金陵凤凰台（故址在今南京凤凰山），仿崔诗而作《登金陵凤凰台》诗。后人评之曰："全摹崔颢黄鹤楼，而不及崔诗之超妙。"其实，李白搁笔，实无其事（清代湖北籍学者陈诗有可信考证），贬抑李诗也失之偏颇。李白此诗，意旨深远，成韵天然，流畅清丽，实为李诗、乃至唐诗中的上乘之作。

登金陵凤凰台

唐·李白

凤凰台上凤凰游，凤去台空江自流。

吴宫花草埋幽径，晋代衣冠成古丘。

三山半落青天外，二水中分白鹭洲。

总为浮云能蔽日，长安不见使人愁。

5. 其他诗作书帖

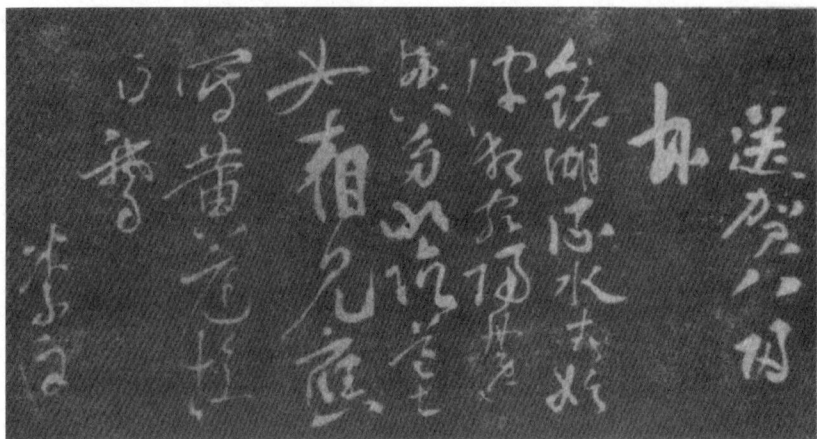

图1　自书《送贺八归越》诗手迹

唐·李白

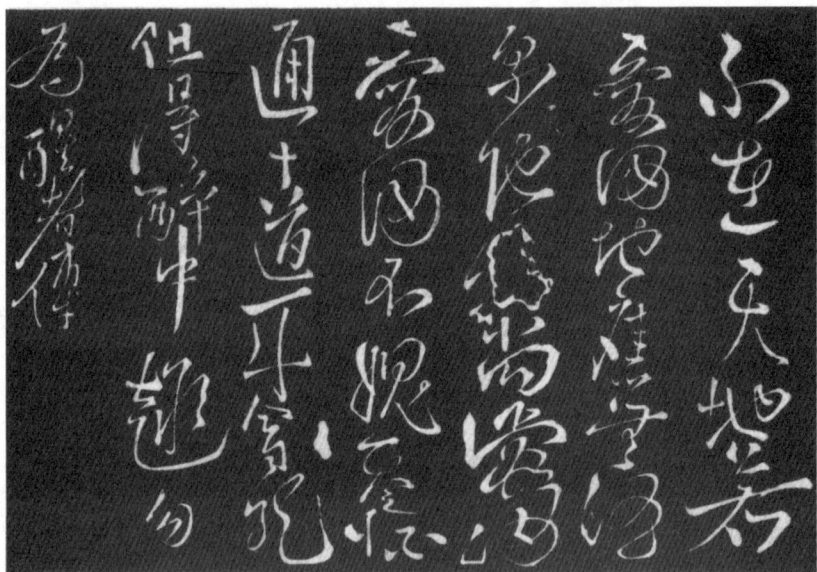

图2　自书《天若不爱酒》诗书帖

唐·李白

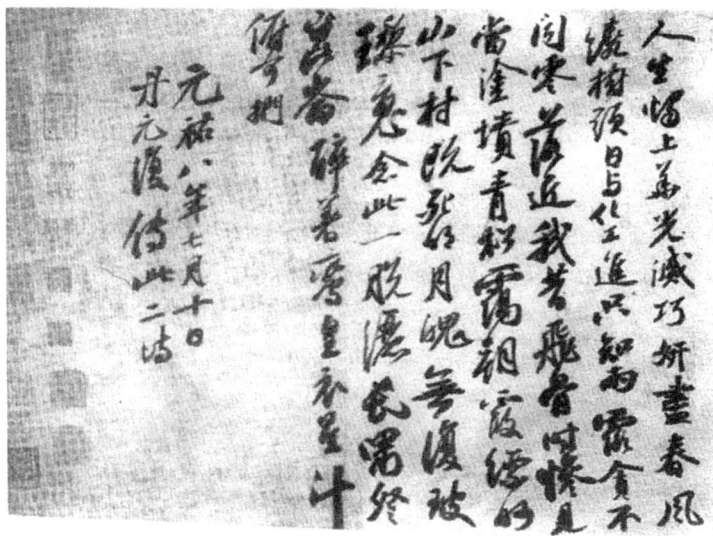

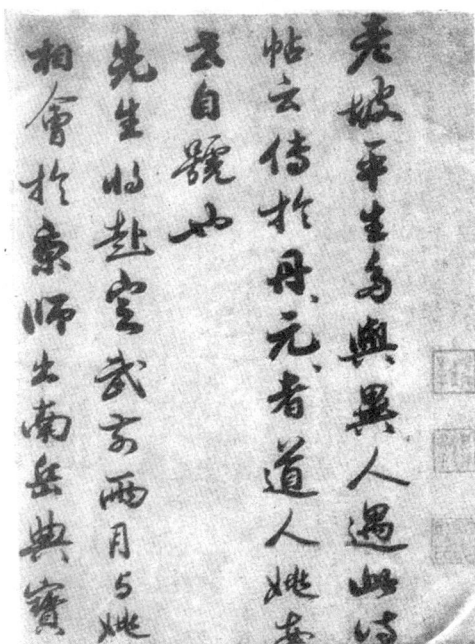

图3　李白诗行书帖及跋语

宋·苏轼（诗帖）

金·蔡松年（跋语）

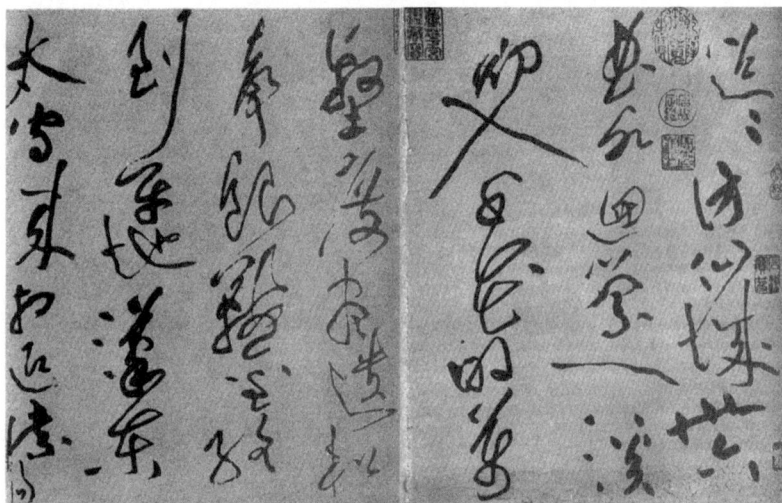

图 4　太白忆旧游诗草书帖
（"迢迢访仙城"）
宋·黄庭坚

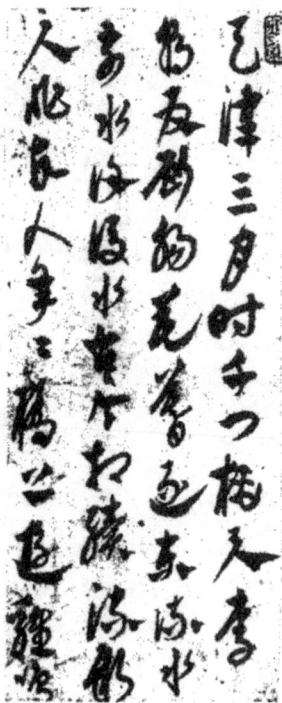

图 5　李白诗书帖
元·康里巎巎

相传李白于天宝十四年（755年）游历安徽泾县桃花潭时，结识了附近的村民汪伦。汪伦以美酒相待，李白临别时即写此诗相赠。诗曰：

李白乘舟将欲行，忽闻岸上踏歌声。
桃花潭水深千尺，不及汪伦送我情。

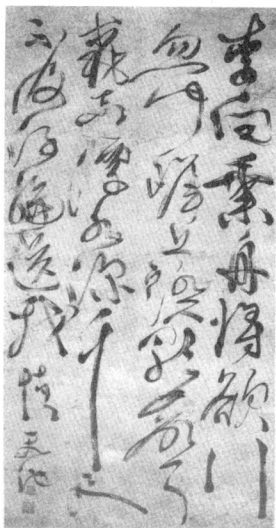

图6　《赠汪伦》诗草书帖
明·徐渭

长干行

唐·李白

妾发初覆额，折花门前剧。郎骑竹马来，绕床弄青梅。

同居长干里，两小无嫌猜。十四为君妇，羞颜未尝开。

低头向暗壁，千唤不一回。十五始展眉，愿同尘与灰。

常存抱柱信，岂上望夫台。十六君远行，瞿塘滟滪堆。

五月不可触，猿声天上哀。门前迟行迹，一一生绿苔。

苔深不能扫，落叶秋风早。八月蝴蝶黄，双飞西园草。

感此伤妾心，坐愁红颜老。早晚下三巴，预将书报家。

相迎不道远，直至长风沙。

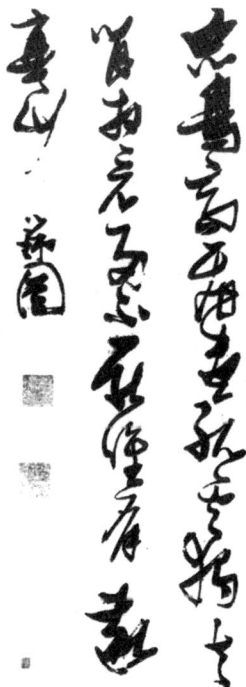

图7　李白诗帖
明·张瑞图

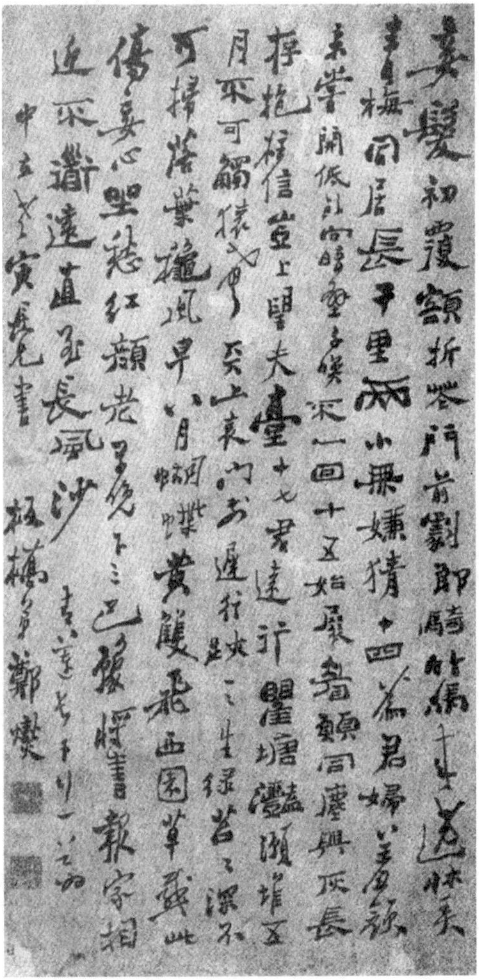

图 8 《长干行》诗书帖

清·郑燮

6. 其他诗作诗意画

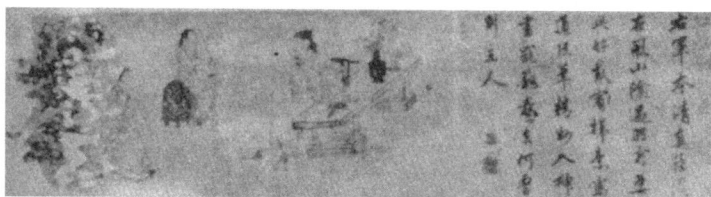

图 1

明·杜堇《古贤诗意图册·右军笼鹅》

图 2　《峨眉山月歌》诗意画

明刊本《唐诗画谱》

　　唐玄宗开元十三年（725 年），李白二十五岁，离开故乡蜀中外出远游，途中写下了这首诗寄友人。短短四句二十八字，连用五个地名，但天然浑成，毫无痕迹，只觉神静凄婉，气机流畅，可见年轻诗人天资聪颖而又工力老到。诗曰：

峨眉山月半轮秋，影入平羌江水流。

夜发清溪向三峡，思君不见下渝州。

图3 《醉兴》诗意画
明刊本《唐诗画谱》

醉 兴

唐·李白

江风索我狂吟，

山月笑我酣饮。

醉卧松竹梅林，

天地藉为衾枕。

静夜思即寂静之夜引起的思念。月夜思乡这个中国传统的心理情结，被诗人用寻常口语写出，既纯真天然又含蓄深沉，所以这首诗千百年来一直为人传诵不衰。

静夜思

唐·李白
床前明月光，疑是地上霜。
举头望明月，低头思故乡。

图4　《静夜思》诗意画
清·石涛

黄鹤楼为古代名楼，址在今湖北武昌面临长江的蛇山黄鹄（鹤）矶上。历代曾屡毁屡建，1982年新建于蛇山山头。广陵，即今江苏扬州。诗写依依送别的情景，但色彩明丽，意境高阔，毫无感伤的情绪。诗曰：
　　故人西辞黄鹤楼，
　　烟花三月下扬州。
　　孤帆远影碧空尽，
　　唯见长江天际流。

图5　《送孟浩然之广陵》诗意画
清·石涛

《望天门山》这首诗写诗人乘舟东下时，望见的天门山的雄伟气象。四句诗依次写正望、俯望、侧望和远望，井然有序地描绘出了天门山的雄浑壮丽。诗曰：

天门中断楚江开，碧水东流至此回。

两岸青山相对出，孤帆一片日边来。

图6　《望天门山》诗意画

清·石涛

图7　敬亭霁色

清·梅清

敬亭山在今安徽宣城县北，因南朝诗人谢朓常在此登山吟诗而闻名。天宝十二载（753 年），李白重游宣城时作此诗。鸟飞云去是人世对诗人的厌弃，而相看不厌的只有秀丽的敬亭山，表现了诗人怀才不遇，既对现实不满而又深感孤独寂寞的凄清。画作《敬亭霁色》，着力于雨后天晴敬亭山山色的秀丽，浓密的林木掩映中，或许可以寻找到谢朓登山的足迹，或许能看到李白独坐的身影。《独坐敬亭》诗曰：

> 众鸟高飞尽，孤云独去闲。
> 相看两不厌，只有敬亭山。

图 8　《早发白帝城》诗意画
近代·马骀

图 9　《山中问道》诗意图
近代·马骀

7. 词及散文书画图

菩萨蛮

唐·李白

平林漠漠烟如织，寒山一带伤心碧。暝色入高楼，有人楼上愁。

玉阶空伫立，宿鸟归飞急。何处是归程，长亭更短亭。

图1 《菩萨蛮》词意画
明刊本《诗馀画谱》

图2 《忆秦娥》词意画
明刊本《诗馀画谱》

忆秦娥

唐·李白

箫声咽，秦娥梦断秦楼月。秦楼月，年年柳色，霸陵伤别。

乐游原上清秋节，咸阳古道音尘绝。音尘绝，西风残照，汉家陵阙。

图4　春夜宴桃李园图（局部）
明·仇英

图5　春夜宴桃李园图
清·黄慎

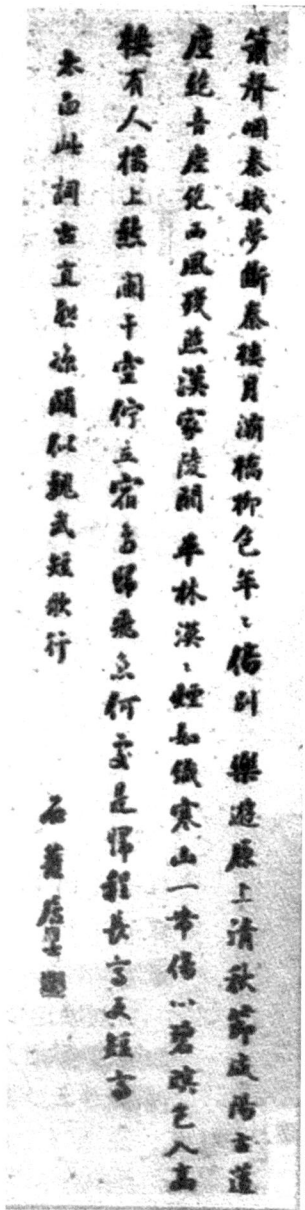

图3　行书四条屏之二·
李白《忆秦娥》词
清·刘墉书

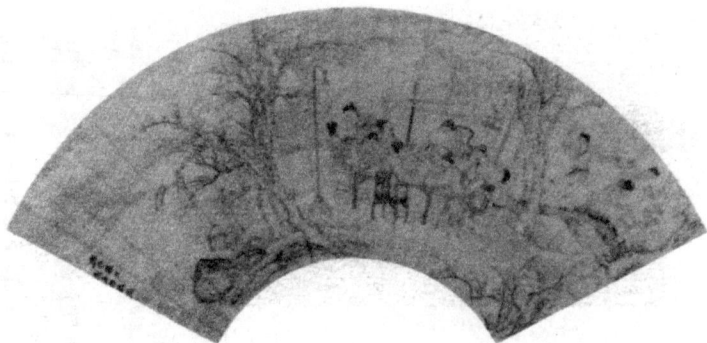

图 6　春夜宴桃李园图（扇面）
清·焦秉贞

图 7　粉彩春夜宴桃李园图笔筒

　　《春夜宴从弟桃李园序》仅仅一百多字的短文，却写到了文题中的诸多方面：如烟的春景，如醉的月色，饮宴的欢乐，赋诗作文的雅兴，以及手足兄弟的亲情……张扬着珍惜时光、敬畏自然、热爱生命的积极向上精神。文字不多，却充满了诗情画意，成为了画家寄情写意的好题材。仇英画卷，着意于欢宴热烈；焦秉贞扇面，则突出了春夜桃李园之美。文不长，录引如下：

　　夫天地者，万物之逆旅也；光阴者，百代之过客也。而浮生若梦，为欢几何？古人秉烛夜游，良有以也。况阳春召我以烟景，大块假我以文章。会桃李之芳园，序天伦之乐事。群季俊秀，皆为惠连。吾人咏歌，独惭康乐。幽赏未已，高谈转清。开琼筵以坐花，飞羽觞而醉月。不有佳咏，何伸雅怀？如诗不成，罚依金谷酒数。

四、杜甫诗歌

1. 杜甫图像及生活情景画

图 1　杜甫画像

清·南熏殿旧藏《圣贤画册》

图 2　杜甫画像

明刊本《历代古人像赞》

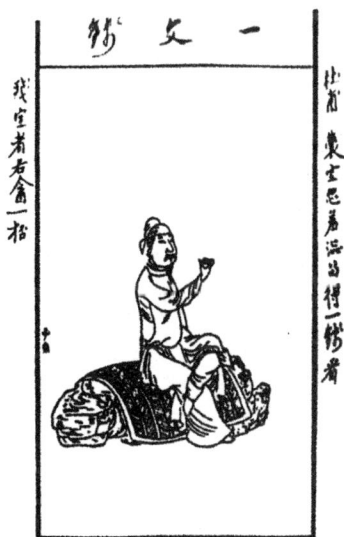

图 3　杜甫画像

明·陈洪绶《博古叶子》

图 4　杜甫画像

明·崔子忠《息影轩人物》

图5　杜甫画像
清·上官周《晚笑堂画传》

图6　杜甫石刻像

图7　明·王九思《杜子美沽酒游春》杂剧插图

2. 宋金元时期杜甫诗书帖

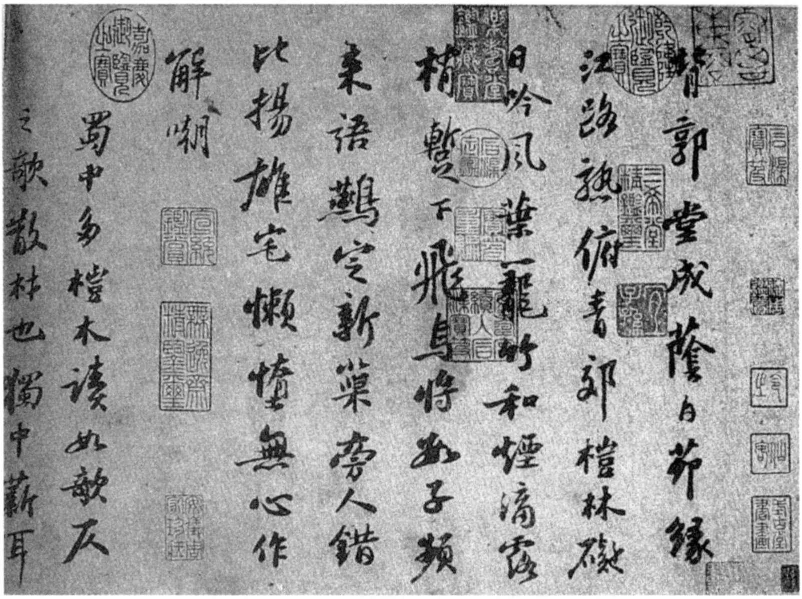

图 1　杜甫《桤木》诗行书帖

北宋·苏轼

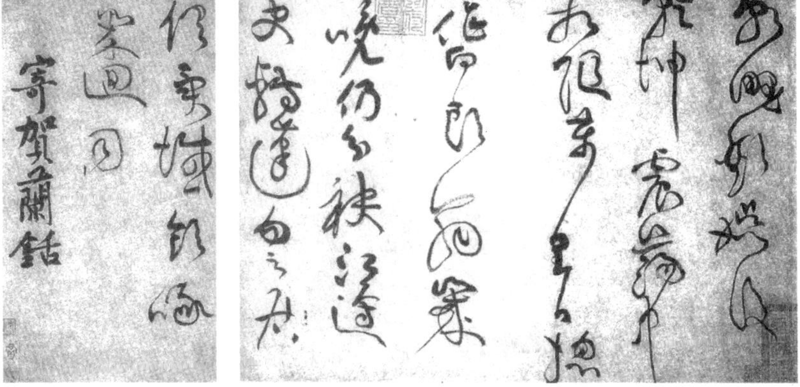

图 2　杜甫《寄贺兰铦》诗书帖

北宋·黄庭坚

图 3　大字杜甫诗书帖

北宋·张即之

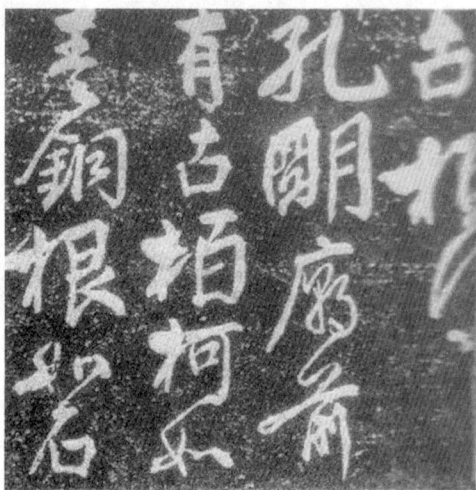

图 4　杜甫《古柏行》诗书帖

金·任询

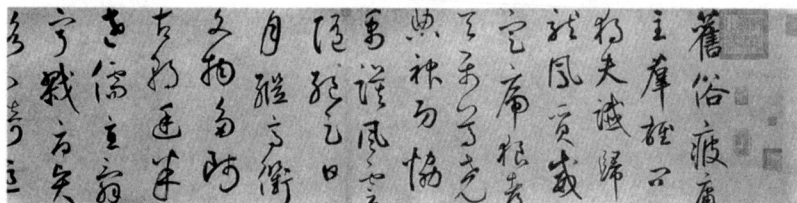

图 5　杜工部《行次昭陵》诗行书帖

元·鲜于枢

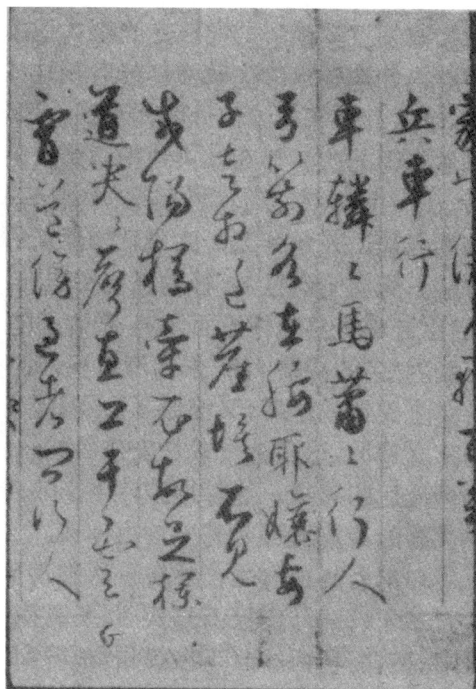

图 6 杜甫《兵车行》诗书帖

元·鲜于枢

3. 明清时期杜甫诗书帖

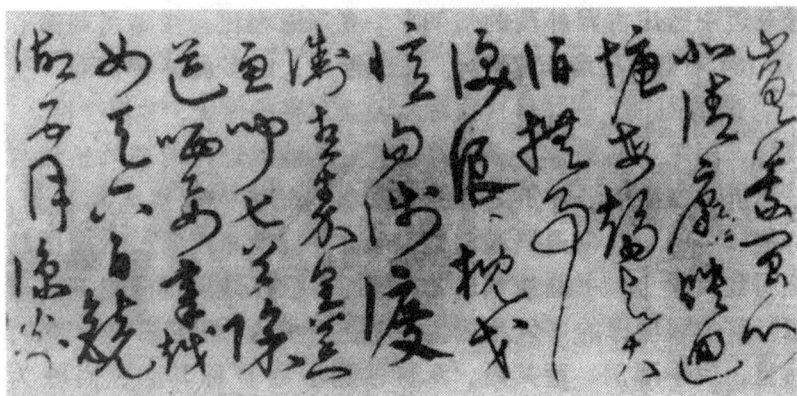

图1　杜甫《壮游》诗草书帖

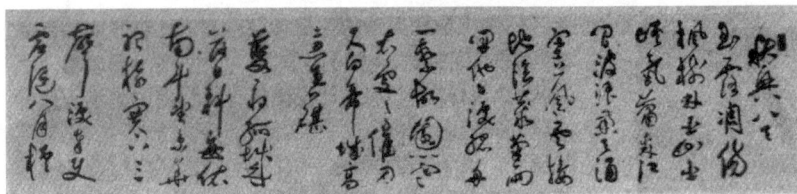

明·宋克

图2　杜甫《秋兴》八首诗草书帖

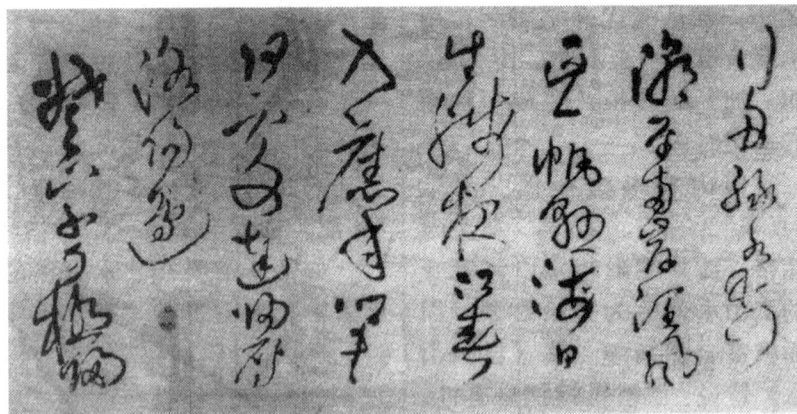

明·徐渭

图3　杜甫诗草书帖

清·王铎

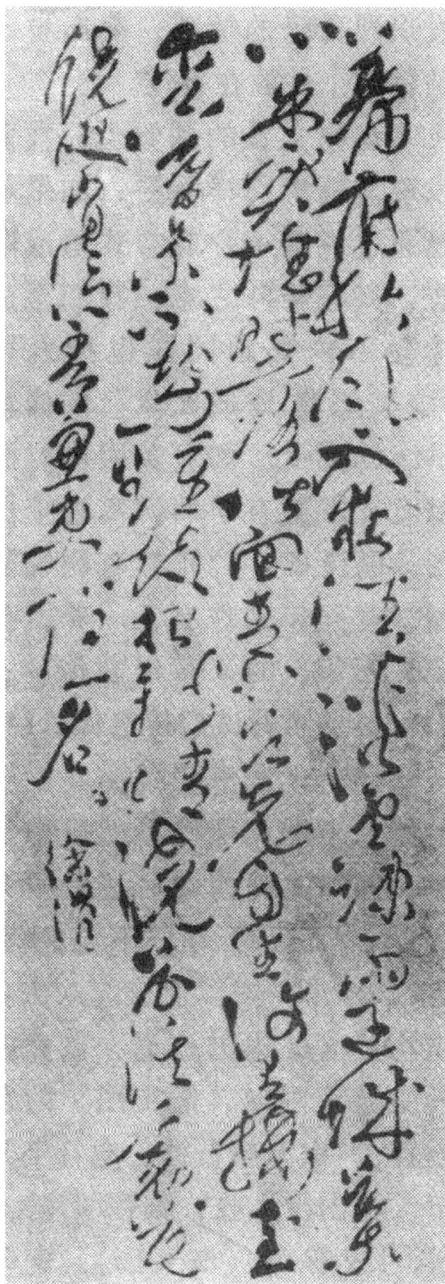

图4　杜甫《院中晚晴怀西郭茅舍》诗草书帖

明·徐渭

都闉凭高槛 药长守桃岩具礼掌节镇非常碧瓦初寒外金

尸日月近雕梁倭李盘根大狩兰奕叶光世家遵旧史道德

吴生远擅场森罗移地轴妙绝动宫墙五圣联龙衮千官列

狮尽飞扬翠柏深留景红梨迥得霜风笋吹玉柱冻

图5　杜甫《冬日洛城北谒玄元皇帝庙》诗书帖（局部）

明·董其昌

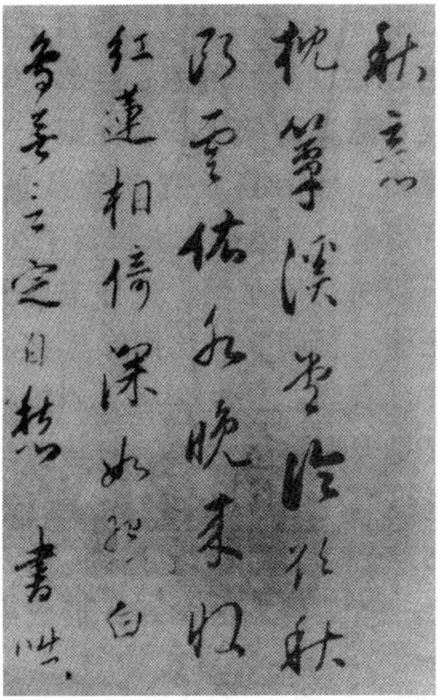

图6　杜甫《秋意》诗行书帖
明·董其昌

图7　杜甫七律诗草书帖
（"闻道长安似弈棋"）
明·董其昌

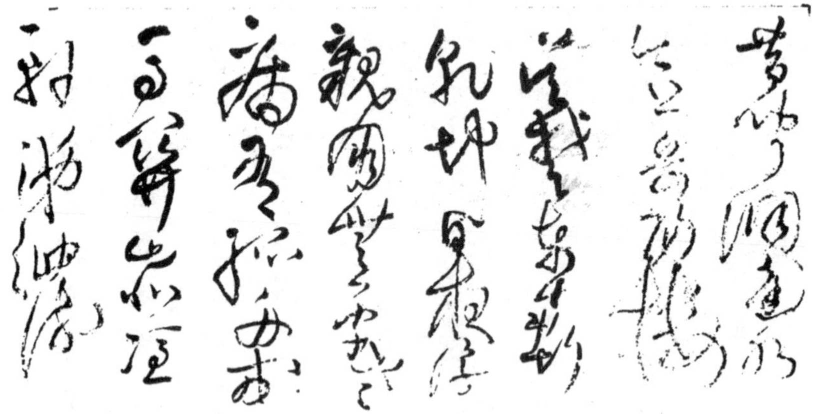

图8　杜甫诗草书帖
清·王铎

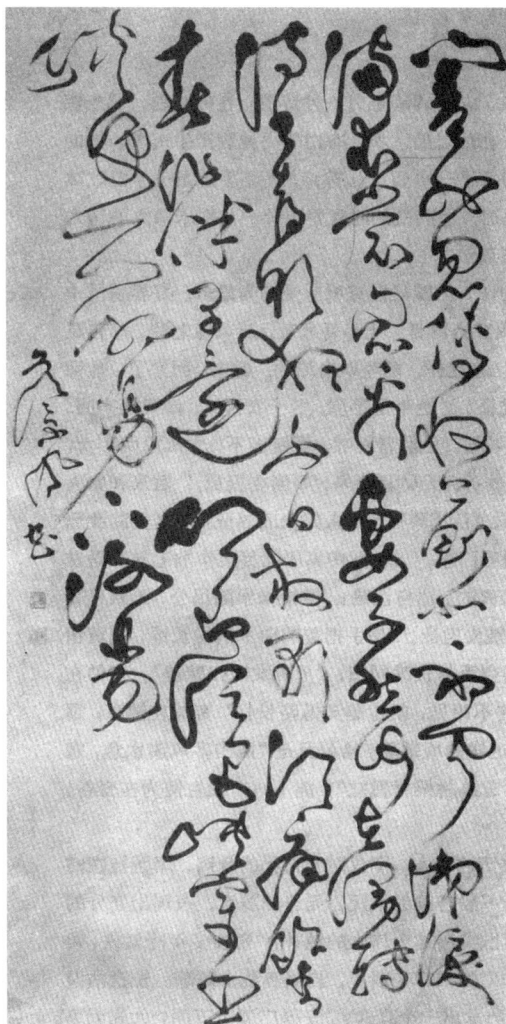

图 9 　《闻官军收河南河北》草书帖
明·詹景凤

闻官军收河南河北

唐·杜甫

剑外忽传收蓟北，初闻涕泪满衣裳。

却看妻子愁何在，漫卷诗书喜欲狂。

白日放歌须纵酒，青春作伴好还乡。

即从巴峡穿巫峡，便下襄阳向洛阳。

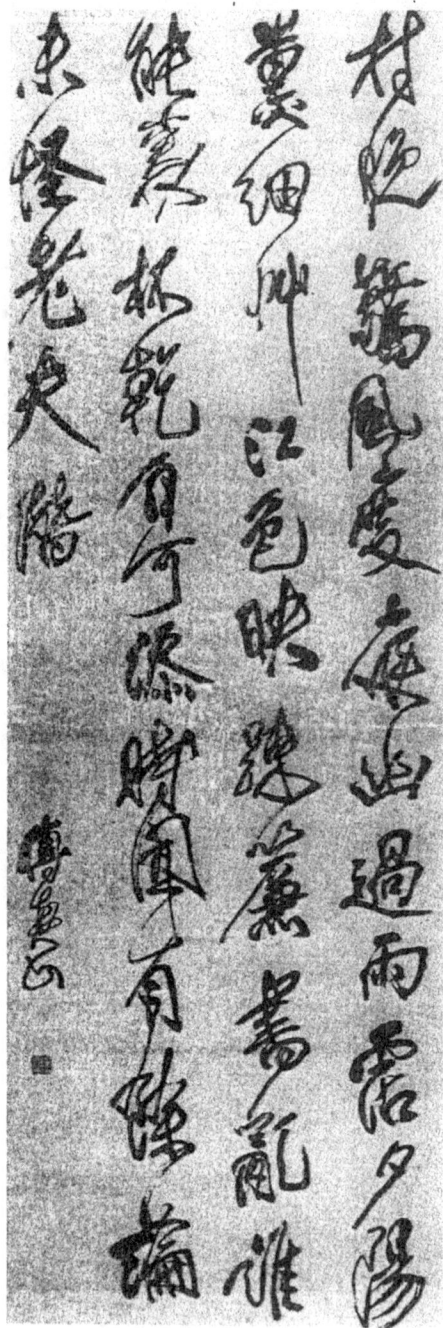

图 10　杜甫《晚晴》诗书帖

清·傅山

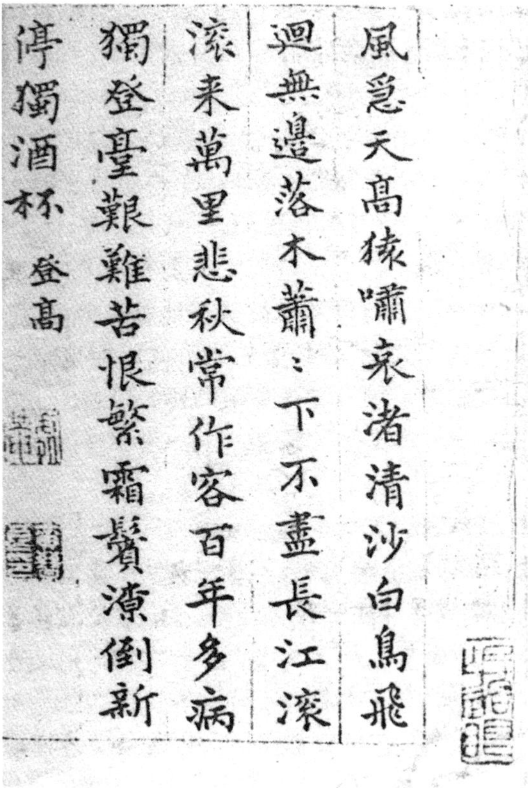

图11　杜甫《登高》诗楷书帖
清·黄晋良

图12　杜甫诗句书联
清·刘墉

4. 明清谢时臣、王时敏画杜甫诗意图

图1　"华馆春风起高城"诗意图

明·谢时臣

图2　"栈悬斜避石桥断"诗意图

明·谢时臣

图3 "雪里江船渡"诗意图

明·谢时臣

图4 "竹深留客处，荷净纳凉时"诗意图

明·谢时臣

图5 "竹深留客处，荷净纳凉时"诗意图
明·谢时臣

图 6　杜陵诗意图册（八页选一）

明·谢时臣

图 7　"花径不曾缘客扫，蓬门今始为君开"

（杜甫《客至》）诗意图

清·王时敏

图8　"请看石上藤萝月，已映洲前芦
荻花"（杜甫《秋兴》八首之二）诗意图
清·王时敏

图9　《严公仲夏枉驾草堂兼携酒馔得寒字》诗意图
清·王时敏

图 10　杜甫诗意图册之七

清·王时敏

5. 饮中八仙歌

图1　饮中八仙图
明·杜堇

图2　《饮中八仙歌》诗意图（原画题为《醉饮图》）
明·万邦治

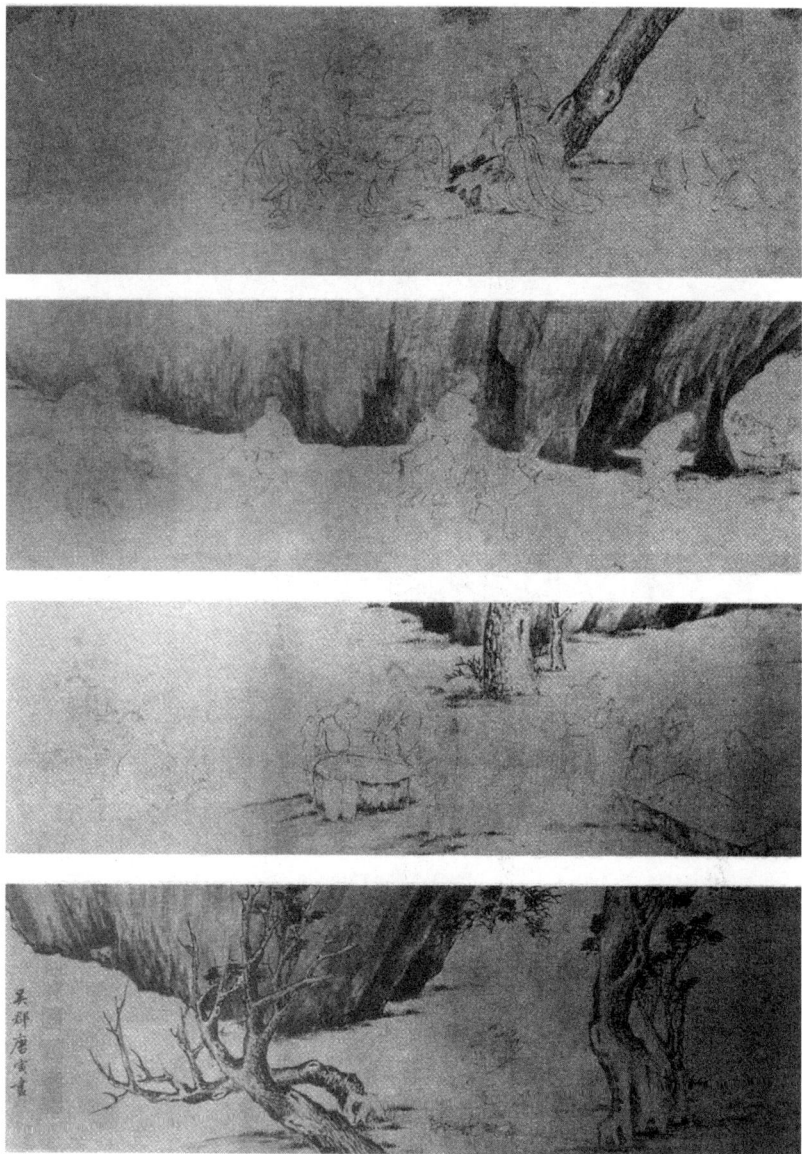

图3 摹李龙眠饮中八仙图
明·唐寅

6. 其他诗作画意图

图1　虢国夫人游春图（杜甫《丽人行》诗意图）
唐·张萱

《虢国夫人游春图》与杜甫诗《丽人行》

唐玄宗开元年间，杨贵妃宠极一时，其姐妹亦有才貌，也受到唐玄宗的特别恩赏和赐封：大姐为韩国夫人，三姐为虢国夫人，八姨为秦国夫人。"三月三日天气新，长安水边多丽人。"杜甫《丽人行》虽是描写众丽人，着眼点还是"赐名大国虢与秦"，当然也包括韩国在内的三夫人。诗作似工笔彩绘的仕女图，但讽刺

图2　曲江春色图（杜甫《丽人行》诗意图）
宋·佚名

的意味和警示的旨趣是很明显的。

张萱是开元、天宝年间著名的仕女画家，其画作《虢国夫人游春图》亦是描绘的杨氏姐妹（前人考证，画面中的面朝前看的贵妇就是虢国夫人，侧面向她的妇人就是韩国夫人）。画作色彩艳丽，人物神态愉悦从容，颂赞之意与杜诗《丽人行》的讽谕旨趣并不相同。但人们还是将两者对读，以之在比较中相互补充。

《曲江春色图》表现《丽人行》诗意

宋代有两幅题为《丽人行》的图作留存。一是著名画家李公麟所作，实际是对唐代张萱《虢国夫人游春图》的临摹，只是设色更华丽，人物形态更显优美。

另一幅就是这幅作者佚名的画作，着力描绘的是开元盛世时长安的曲江春色。

图 3 公孙大娘舞剑器图
清·焦秉贞

杜甫《观公孙大娘弟子舞剑器行》诗并序，叙说了他与童稚观公孙大娘舞剑器时动人心魄的情景。

图4 "竹深留客处，荷净纳凉时"
（杜甫《陪诸贵公子丈八沟携妓纳凉晚际遇雨》诗意图）
南宋·赵葵

图5 雪夜怀友（杜甫《舟中夜雪有怀卢十四侍御弟》诗意图）
明·杜堇

杜甫《舟中夜雪有怀卢十四侍御弟》："朔风吹桂水，朔雪夜纷纷。暗渡南楼月，寒深北渚云。烛斜初近见，舟重竟无闻。不识山阴道，听鸡更忆君。"

图 6　秋兴八景图之一（杜甫《秋兴》诗意画局部）

明·董其昌

江畔独步寻花

唐·杜甫

黄四娘家花满蹊，千朵万朵压枝低。

留连戏蝶时时舞，自在娇莺恰恰啼。

图 7　《江畔独步寻花》诗意图

明刊本《唐诗画谱》

客　至

唐·杜甫

舍南舍北皆春水，但见群鸥日日来。花径不曾缘客扫，蓬门今始为君开。盘飧市远无兼味，樽酒家贫只旧醅。肯与邻翁相对饮，隔篱呼取尽余杯。

图 8　"花径不曾缘客扫，蓬门今始为君开"

（杜甫《客至》诗意图）

清·钱慧安

登岳阳楼

唐·杜甫

昔闻洞庭水，今上岳阳楼。吴楚东南坼，乾坤日夜浮。亲朋无一字，老病有孤舟。戎马关山北，凭轩涕泗流。

图9 "昔闻洞庭水，今上岳阳楼"
（杜甫《登岳阳楼》诗意图盘）

图10 少陵诗意图

明·谢缙

画的右上角题识为："床上书连屋，阶前树拂云。"

图 11　杜甫诗意图
清·张鉴

五、中唐诗文

1. 韦应物、顾况与张志和

图 1　韦应物画像
清刊本《吴郡名贤图传赞》

图 2　"春潮带雨晚来急，野渡无人舟自横"
（韦应物《滁州西涧》）诗意图
明·文徵明

滁州西涧

唐·韦应物

独怜幽草涧边生，上有黄鹂深树鸣。
春潮带雨晚来急，野渡无人舟自横。

图 3　韦应物《闲居寄诸弟》诗意图

明刊本《唐诗画谱》

闲居寄诸弟

唐·韦应物

秋草生庭白露时，故园诸弟益相思。

尽日高斋无一事，芭蕉叶上独题诗。

图 4　顾况画像

清刊本《吴郡名贤图传赞》

图 5　张志和画像

2. 陆贽、崔护、王建和大历十才子

图 1 陆贽画像

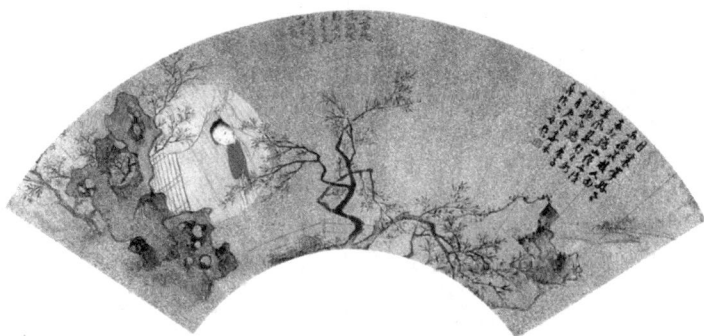

图 2 "人面桃花相映红"（崔护《题都城南庄》）诗意图
清·冯箕

图3　王建《十五夜望月》诗意图
明刊本《唐诗画谱》

十五夜望月

唐·王建

中庭地白树栖鸦，冷露无声湿桂花。
今夜月明人尽望，不知秋思落谁家？

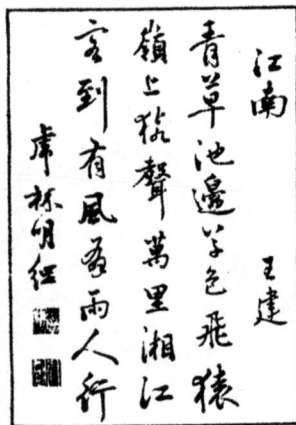

图4　王建《江南》诗意图
清刊本《诗画舫》

图5　"孤灯寒照雨，深竹暗浮烟"

（司空曙《云阳馆与韩绅宿别》）诗意图

近代·马骀

"大历十才子"，指唐德宗大历年间（766—779年）的十位诗人，但所指不一，一般认为有卢纶、钱起、郎士元、李益、李端、司空曙等。

图6　大历十才子图

民国刊本《中国文艺辞典》

3. 韩愈

图 1　韩愈画像

清·南熏殿旧藏《圣贤画册》

图 2　韩愈画像

明刊本《历代古人像赞》

图 3　韩愈画像　清·上官周《晚笑堂画传》

图 4　"流水盘回山百转，牛绡数幅垂中堂"（韩愈《桃源行》诗意图）
明·杜堇《古贤诗意图·桃源图》

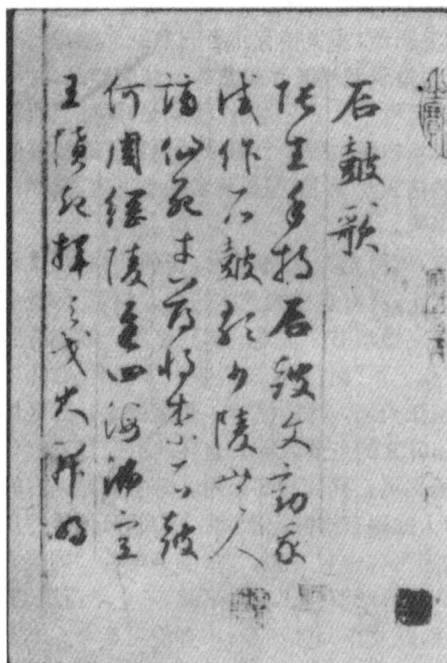

图5 韩愈《石鼓歌》行书帖
元·鲜于枢

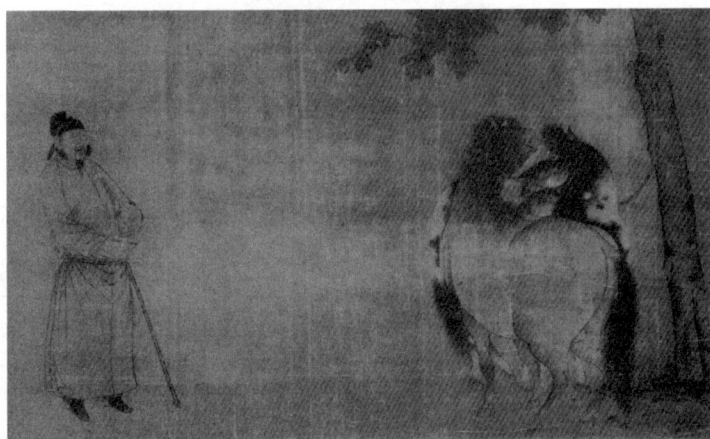

图6 相马图
元·佚名

马说

唐·韩愈

世有伯乐，然后有千里马。千里马常有，而伯乐不常有。故虽有名马，祗辱于奴隶人之手，骈死于槽枥之间，不以千里称也。

马之千里者，一食或尽粟一石，食马者不知其能千里而食也。是马也，虽有千里之能，食不饱，力不足，才美不外见，且欲与常马等不可得，安求其能千里也！

策之不以其道，食之不能尽其材，鸣之而不能通其意，执策而临之曰："天下无马。"呜呼！其真无马邪？其真不知马邪？

图7 荔子丹碑拓片（广西柳州）

韩愈文 苏轼书

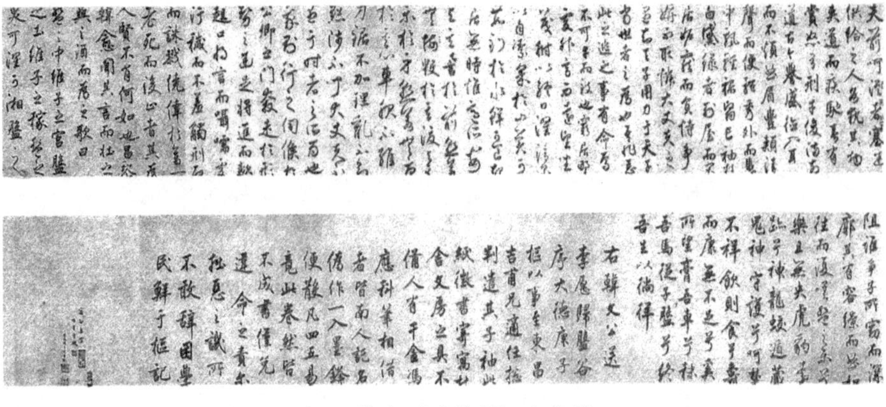

图 8　韩愈《进学解》行书帖

元·鲜于枢

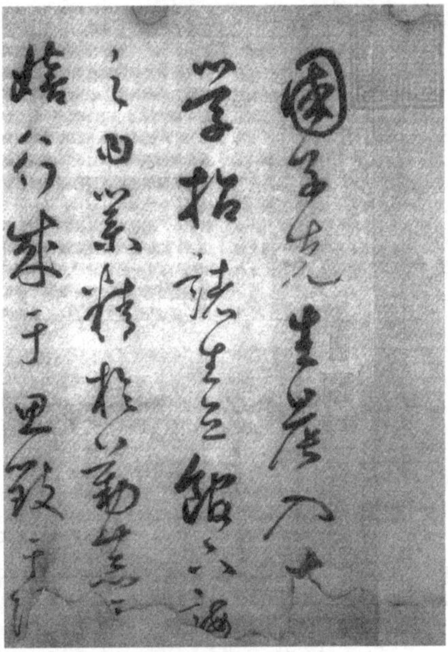

图 9　韩愈《送李愿归盘谷序》行书帖（局部）

元·鲜于枢

4. 柳宗元

图 1　柳宗元画像
明刊本《历代古人像赞》

图 2　柳宗元画像
清·上官周《晚笑堂画传》

遣怀

唐·柳宗元

小苑流莺啼画，长门浪蝶翻春。

烟锁蟾眉慵饰，倚阑无限伤心。

图3　柳宗元《遣怀》诗意图
明刊本《唐诗画谱》

图4　寒江独钓图
南宋·马远

江雪

唐·柳宗元

千山鸟飞绝，万径人踪灭。

孤舟蓑笠翁，独钓寒江雪。

图 5 　柳宗元《江雪》诗意图

明・宋旭

图 6　寒江独钓图
明·袁尚

图 7　江雪绿地粉彩诗意瓶

图 8　洒蓝地江雪诗意图笔筒

5. 刘禹锡和元稹

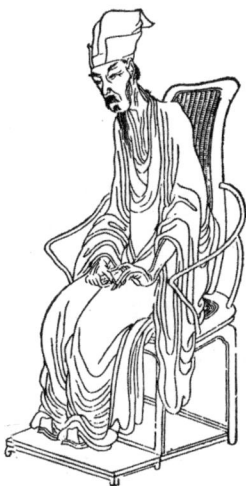

图1 刘禹锡画像

清·上官周《晚笑堂画传》

图2 《陋室铭》石刻片（清代）

存于安徽和县

陋室铭

唐·刘禹锡

山不在高，有仙则名。水不在深，有龙则灵。斯是陋室，惟吾德馨。苔痕上阶绿，草色入帘青。谈笑有鸿儒，往来无白丁。可以调素琴，阅金经。无丝竹之乱耳，无案牍之劳形。南阳诸葛庐，西蜀子云亭。孔子云：何陋之有？

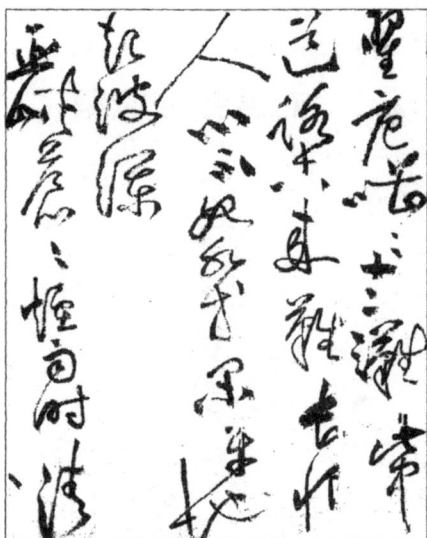

图 3　刘禹锡《竹枝词》书帖

宋·黄庭坚

竹枝词其七

唐·刘禹锡

瞿塘嘈嘈十二滩，此中道路古来难。
长恨人心不如水，等闲平地起波澜。

图 4　刘禹锡《夜泊湘川》诗意图

明刊本《唐诗画谱》

图 5　乌衣晚照图

明·佚名

此图画出了石头城（今南京市）朱雀桥东乌衣巷的水乡风光，对照阅读刘禹锡的《乌衣巷》诗，更令人有深沉的今昔之感。

图 6　元稹画像

清·上官周《晚笑堂画传》

图7　元稹《菊花》诗意图
明刊本《唐诗画谱》

菊花

唐·元稹

秋丛绕舍似陶家，遍绕篱边日渐斜。
不是花中偏爱菊，此花开尽更无花。

图8　《连昌宫词》诗意图
清·张镐

6. 孟郊、贾岛、李贺、张枯和卢仝

图 1　孟郊画像

民国刊本《中国文艺辞典》

图 2　"谁言寸草心，报得三春晖"（扇面）

清·钱慧安

游子吟

唐·孟郊

慈母手中线，游子身上衣。

临行密密缝，意恐迟迟归。

谁言寸草心，报得三春晖。

苦吟诗人贾岛

图 3 贾岛画像
民国刊本《中国文艺辞典》

贾岛（779—843 年），字琅仙，一作阆仙，范阳（今河北涿县）人。初为僧，以诗拜谒韩愈，得赏识。后还俗，累举不第，五十九岁时为长江县（今四川蓬溪县西）主簿，世称"贾长江"，后迁普州司仓参军，有《长江集》。贾岛长于五律，以清奇苦僻为特征，是著名的苦吟诗人。他曾自道："二句三年得，一吟泪双流。"可见其吟咏之苦了。每年除夕，他都必将一年所作置于几案上，焚香再拜，酹酒祝曰："此吾终年心血也。"痛饮长歌而罢。

图 4 贾舍人驴背敲诗图
清·任颐

贾岛驴背敲诗撞韩愈

"推敲"一词多用来比喻诗文写作中对字句的斟酌，也推及用于指行事的再三考虑，反复琢磨。"推敲"即源于贾岛骑驴作诗冲撞韩愈的一则典故。

贾岛赴京应举时，骑驴外出也做诗，得到"鸟宿池边树，僧敲月下门"两句。又想将"敲"字改为"推"字，犹豫不决，就用手做着推、敲的样子，忘形处冲撞了时任京兆尹大官韩愈的出行仪仗。被质问时，贾岛向韩愈说明了原委，韩愈立马想了一会儿说，用"敲"字为好。（事见唐韦绚《刘公嘉话录》所载《苕溪渔隐丛话》卷十九引录。）北宋阮阅《诗话总龟》记载的原文为：

贾岛推敲

贾岛初赴举，在京师。一日于驴上得句云："鸟宿池边树，僧敲月下门。"又欲改"敲"作"推"字，炼之未定，于驴上吟哦，引手作推敲之势，观者讶之。时韩退之权京兆尹，车骑方出，岛不觉行至第三节，尚为手势未已。俄为左右拥止尹前。岛具对所得诗句，"推"字与"敲"字未定，神游象外，不知回避。退之立马久之，谓岛曰："'敲'字佳。"遂并辔而归，共论诗道，留连累日，因与岛为布衣之交。

然而，在另一则类似的传说中，贾岛就不是这样的幸运。五代王定保《唐摭言》等书中说，贾岛整日苦吟作诗，吃饭、睡觉时也不忘记吟诵或品味诗句。有一天，他骑驴行走在长安大街上，见秋风正猛，黄叶满地，他冲口吟出"落叶满长安"一句，颇觉神韵具定，十分得意。就想再吟一句，以成一联。正冥思苦索，忘乎所以之时，却冲撞了京兆尹刘栖楚的侍从。结果被带去衙门关押了一夜才得以释放。

访隐者不遇

唐·贾岛

松下问童子，言师采药去。
只在此山中，云深不知处。

图5 《访隐者不遇》诗意图盒

图6　李贺画像

清·上官周《晚笑堂画传》

张祜，中唐诗人，存诗三百余首。他曾作诗嘲笑李端端皮肤黑，是"黑妓"。李端端不服，手持白牡丹找张祜评理。画家唐寅佩服端端的胆识，在画中绘出了李端端傲然玉立、从容讲理的鲜明形象。

图7　李端端图

明·唐寅

图 8　玉川煮茶图
明·丁云鹏
卢仝（795—835 年）号玉川子，工诗，有《茶歌》多首流传。

六、白居易诗歌

1. 白居易图像及生活情景画

图1　白居易画像

清·南熏殿旧藏《圣贤画册》

图2　白居易画像

清·上官周《晚笑堂画传》

图3　白居易画像

清刊本《吴郡名贤图传赞》

图4　白居易石刻像

明《绍兴郡斋圣贤图》

图5　《香山四乐图之解妪》

明·陈洪绶

　　香山四乐指解妪、醉鸣、讲音和逃禅。南生鲁实为诗人自指，所以，《南生鲁四乐图》也有题为《香山四乐图》的。（白居易晚年居洛阳，与香山僧人如满结香火社，自号香山居士。）

　　"四乐"之一的"解妪"，指写诗以老妇人听得懂为乐。宋代惠洪《冷斋夜话》卷一中说："白乐天每作诗，令一老妪解之。问曰：解否？妇曰：解。则录之；不解，则易之。故唐末之诗，近于鄙俚。"

图 6　鸟窠指说图
宋·梁楷

　　白居易任杭州刺史时，曾向鸟窠禅师道林问道。图绘道林禅师悬坐于斜卧的枯树之上，白居易躬身行礼，以表心感神悟。

九老会

　　白居易晚年闲居洛阳。唐武宗会昌五年（845 年），七十四岁的白居易，经常与一些退休在家而又高寿的老友唱和宴游，饮酒作诗，很是高兴。当年三月二十四日，他们在白居易的住处履道坊成立了一个尚齿之会（尚齿：尊崇老人）。七位老人兴致都很高，每人都写了七言六韵一章（《全唐诗》中均题为《七老会诗》），以抒情怀并志记念。这年夏天，又有两位老人回到洛阳，加入此会。于是找画工画两人图像，并写上姓名与年龄，与原来的七人图像合为《九老图》。九人之中，七十四岁的白居易年龄最小，而最年长的洛中遗老李元爽，已是高寿一百三十六岁。如此聚会，世上少有，实在难得。

　　白居易写有《九老图诗》七绝一首，诗前长序叙说了九老会的详情。《四库全书》收录有《香山九老诗》。

图7　会昌九老图

明·周臣

2. 琵琶行

图1 《琵琶行》诗意图
明·郭诩

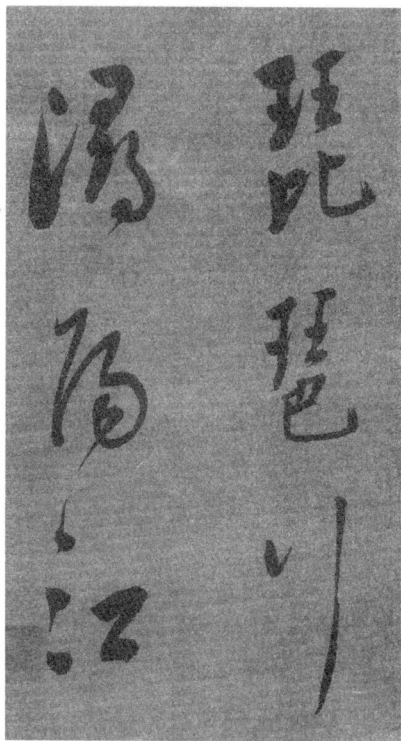

图2 《琵琶行》诗草书帖
明·董其昌

图 3　浔阳送别图（《琵琶行》诗意图）

明·仇英

图4 江州司马青衫泪
明刊本《元曲选》插画

图5 江上琵琶
清·吴友如

图6 浔阳月色（扇面）
清·钱慧安

3. 长恨歌

太真入宫　　　沉香宴赏　　　广寒闻乐

荷亭制谱　　　长生密誓　　　驿骑进果

图1　《长恨歌》故事条屏（六幅）

清·佚名

图2　千秋艳绝图·杨玉环

明·佚名

图3　杨贵妃上马图

元·钱选

图4　贵妃晓妆图

明·仇英

图5 "七月七日长生殿，夜半无人私语时"（《长恨歌》诗意图）
清·袁江

图6 杨贵妃骊山避暑图
清·袁江

图 7　华清出浴图

清·康涛

图 8　贵妃出浴图（扇面）

清·李育

4. 其他诗作

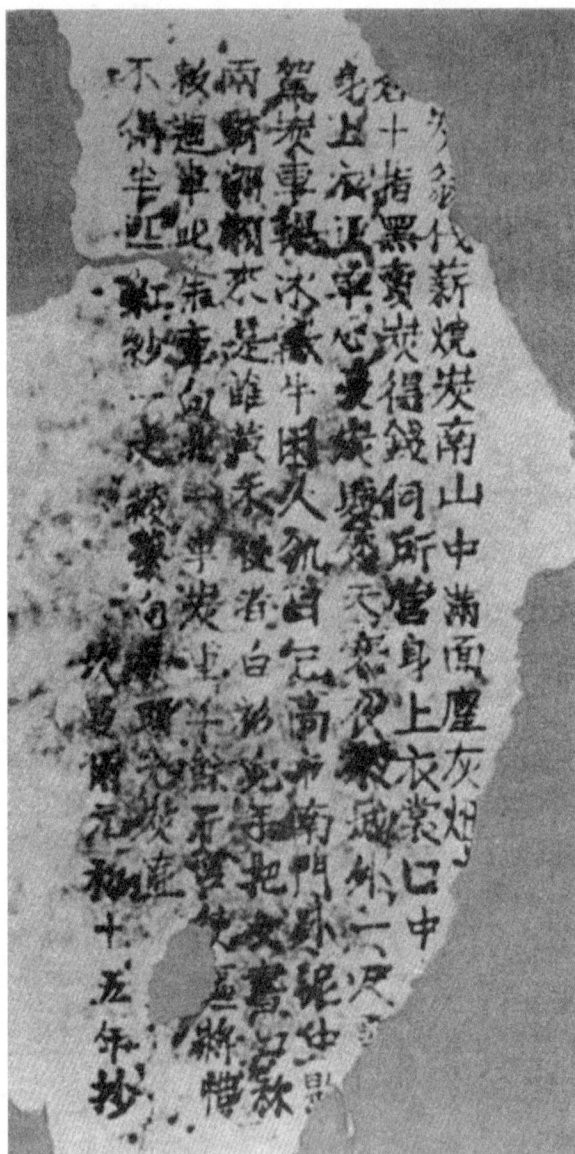

图 1　卖炭翁抄件

唐·坎曼尔（回纥族）

图2 "野火烧不尽，春风吹又生"（《赋得古原草送别》诗意图）

清·罗聘

从"居亦弗易"到"居即易矣"

白尚书应举初至京，以诗谒顾著作况。顾睹姓名，熟视白公曰："米价方贵，居亦弗易。"乃披卷。首篇曰："咸阳原上草，一岁一枯荣。野火烧不尽，春风吹又生。"即嗟赏曰："道得个语，居即易矣。"因为之延誉，声名大振。

——唐·张固《幽闲鼓吹》

赋得古原草送别

唐·白居易

离离原上草，一岁一枯荣。野火烧不尽，春风吹又生。远芳侵古道，晴翠接荒城。又送王孙去，萋萋满别情。

问刘十九

唐·白居易

绿蚁新醅酒，红泥小火炉。晚来天欲雪，能饮一杯无？

图3 《问刘十九》诗意图

清·胡锡珪

图4 "花落长门无语，鸟啼芳树依依"（《长门怨》诗意图）
清刊本《诗画舫》

图5 《溪村》诗意图
明刊本《唐诗画谱》

图6 《晚秋闲居》诗意图
明刊本《唐诗画谱》

晚秋闲居

唐·白居易

地僻门深少送迎，披衣闲坐养幽情。

秋庭不扫携藤杖，闲踏梧桐黄叶行。

七、晚唐诗文

1. 杜牧和《山行》诗

图1 杜牧画像
清·上官周《晚笑堂画传》

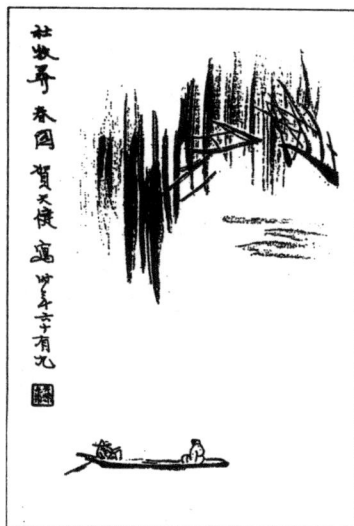

图2 杜牧寻春图
当代·贺天健

山行

唐·杜牧
远上寒山石径斜，
白云深处有人家。
停车坐爱枫林晚，
霜叶红于二月花。

描写和赞美深秋山林景色的小诗《山行》，不仅即兴咏景，而且咏物言志，是诗人内心精神世界的表露和志趣的追求，成为了历代画家热衷的画题。

图3 "停车坐爱枫林晚，霜叶红于二月花"
元·刘贯道

图4　杜牧《山行》诗意图
明·周臣

图5　杜牧《山行》诗意图
清·赵揆

图6　杜牧《山行》诗意图
清·钱慧安

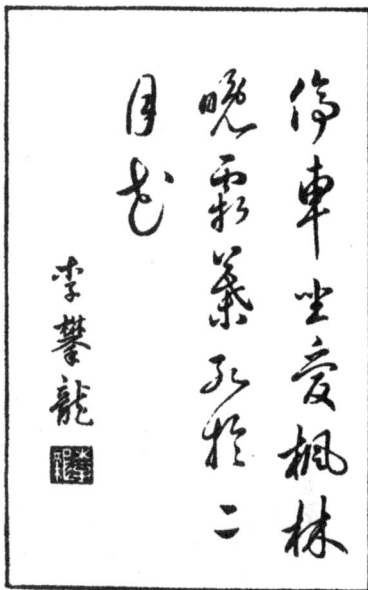

图7 "停车坐爱枫林晚，霜叶红于二月花"（杜牧《山行》诗意图）

清刊本《诗画舫》

图8 杜牧《山行》诗意图(扇面)

山行

唐·杜牧

家住白云山北，路迷碧水桥东。
短发潇潇暮雨，长襟落落秋风。

图 9　杜牧《山行》诗意图
明刊本《唐诗画谱》

2. 杜牧其他诗文

图1 张好好诗手迹
唐·杜牧

图2 杜牧之诗酒扬州梦图
元·乔吉《扬州梦》杂剧插图

杜牧爱慕扬州太守牛僧孺的义女张好好，于梦中与她相见。后得白文礼说合，两人结为夫妇。插图即绘杜牧酒楼独坐，梦中与张好好相会的情景。

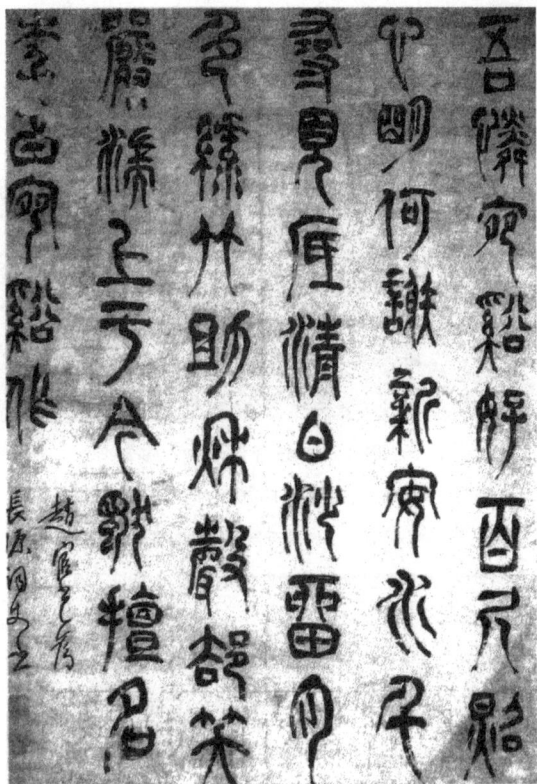

图3　篆书杜牧诗
明·赵宦光

图4　《杜秋娘》诗意图
元·周朗画　元·康里巙巙书

图5 "一骑红尘妃子笑，无人知是荔枝来"
元杂剧《杨贵妃晓日荔枝香》插图

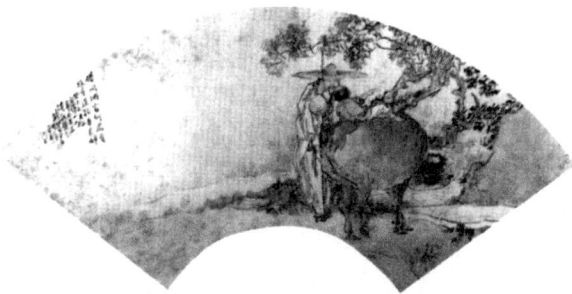

图6 杜牧《清明》诗意图（扇面）
清·钱慧安

清明

唐·杜牧

清明时节雨纷纷，
路上行人欲断魂。
借问酒家何处有，
牧童遥指杏花村。

图7 杜牧《清明》诗意图（团扇）

清·钱慧安

图8 "二十四桥明月夜，玉人何处教吹箫"

（杜牧《寄扬州韩绰判官》诗意图）

清·钱慧安

寄扬州韩绰判官

唐·杜牧

青山隐隐水迢迢，秋尽江南草木凋。

二十四桥明月夜，玉人何处教吹箫。

赤壁

唐·杜牧

折戟沉沙铁未销，自将磨洗认前朝。
东风不与周郎便，铜雀春深锁二乔。

图9 "东风不与周郎便，铜雀
春深锁二乔"

（杜牧《赤壁》诗意图）

清·费丹旭

图10 阿房宫图

元·夏昶

图 11　阿房宫图

清·袁耀

3. 温庭筠和李商隐

图1　温庭筠画像
清·上官周《晚笑堂画传》

图2　温庭筠《商山早行》诗意图
近代·马骀

商山早行

唐·温庭筠

晨起动征铎，客行悲故乡。
鸡声茅店月，人迹板桥霜。
槲叶落山路，枳花明驿墙。
因思杜陵梦，凫雁满回塘。

图4 温庭筠《诉衷情》诗意图
近代·周慕桥

诉衷情
唐·温庭筠

莺语花舞春昼午，雨霏微。金带枕，宫锦，凤凰帷。　　柳弱蝶交飞，依依。辽阳音信稀，梦中归。

图3 "鸡声茅店月"
（温庭筠《商山早行》诗意图）
清·袁耀

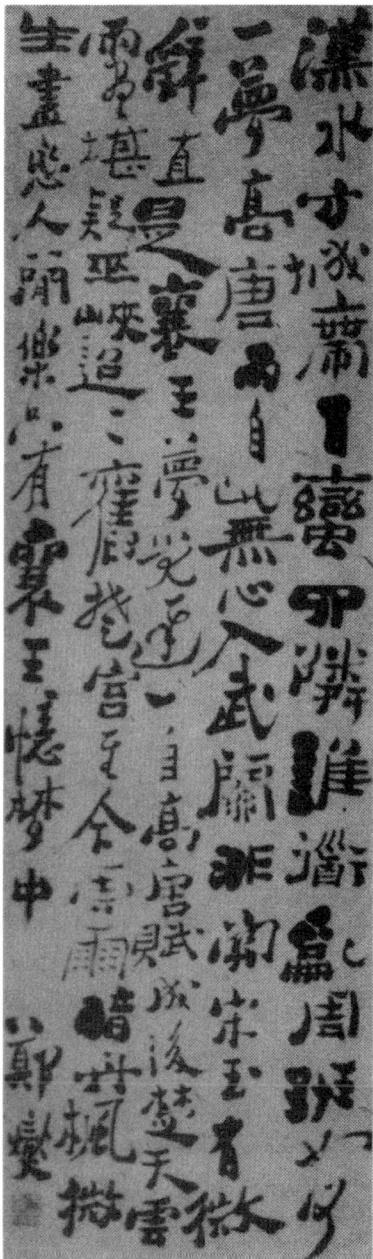

图5　李商隐绝句三首书帖
清·郑燮

郑燮（板桥）用他独特的六分半书体，将李商隐三首内容相近的绝句，书写成一幅别有意趣的立轴，一般将其标为《唐人绝句轴》。三首绝句诗题和原文如下：

之一：岳阳楼

汉水方城带百蛮，四邻谁道乱周班？如何一梦高唐雨，自此无心入武关！

之二：有感

非关宋玉有微辞，却是襄王梦觉迟。一自高唐赋成后，楚天云雨尽堪疑。

之三：过楚宫

巫峡迢迢旧楚宫，至今云雨暗丹枫。微生尽恋人间乐，只有襄王忆梦中。

義山能為古文不喜偶對䟦徐彥伯
博學稿記下筆不休尤善為誄奠能章奏以其道
捗之自是始為令狐楚章奏
檀三十六體大思清麗悅庭筠画之

图6　李商隐画像
清·上官周《晚笑堂画传》

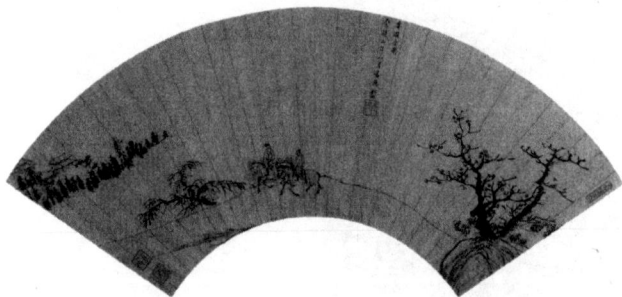

图7　《乐游原》诗意图（扇面）
明·程嘉燧

乐游原

唐·李商隐

向晚意不适，驱车登古原。

夕阳无限好，只是近黄昏。

向晚意不适　驱车登古原

夕阳无限好　只是近黄昏

乙丑欣马骀写李商隐诗句　骀

图8　"夕阳无限好，只是近黄昏"

（李商隐《乐游原》诗意图）

近代·马骀

4. 唐末五代其他作家诗词

图1　罗隐画像　　　　图2　陆龟蒙画像
清刊本《吴郡名贤图传赞》　　清刊本《吴郡名贤图传赞》

图3　杜荀鹤《马上行》诗意图
明刊本《唐诗画谱》

图 4　"夜船吹笛雨潇潇"（皇甫松《望江南》词意图）

清·费丹旭《仕女图册》之七

望江南

唐·皇甫松

兰烬落，屏上暗红蕉。闲梦江南梅熟日，夜船吹笛雨潇潇。人语驿边桥。

图 5　李珣《酒泉子》词意图

清·费丹旭

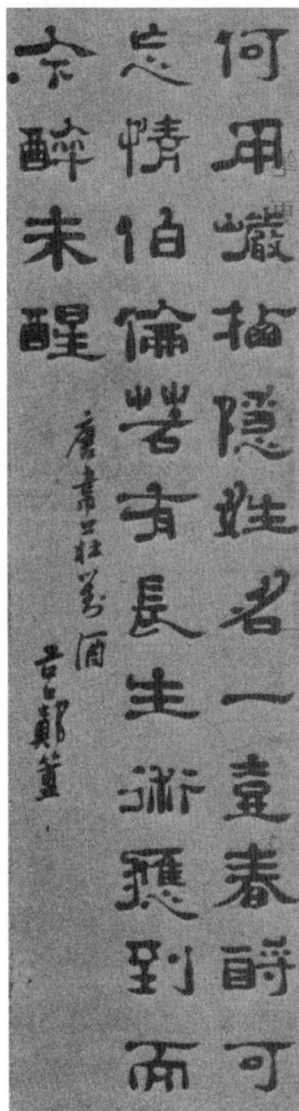

图6 韦庄《对酒》诗隶书帖
清·郑簠

图7 "无情最是台城柳，依旧烟笼十里堤"
（韦庄《台城》诗意图）
近代·马骀

采桑子

五代·冯延巳

小堂深静无人到，满院春风。惆怅墙东，一树樱桃带雨红。

愁心似醉兼如病，欲语还慵。日暮疏钟，双燕归栖画阁中。

图 8　冯延巳《采桑子》词意图

近代·吴士鉴

图 9　李煜画像

清·南熏殿旧藏《圣贤画册》

图 10　南唐文会图

北宋·佚名

　　这幅图描绘了南唐后主李煜和三位文士在庭院聚会的情形。李煜振笔疾书，其他三人静静围观，奴婢则直立以待。

图 11　"无言独上西楼"

（李煜《相见欢》词意图）

现代·丰子恺

相见欢

南唐·李煜

　　无言独上西楼。月如钩，寂寞梧桐深院锁清秋。　　剪不断，理还乱。是离愁，别是一般滋味在心头。

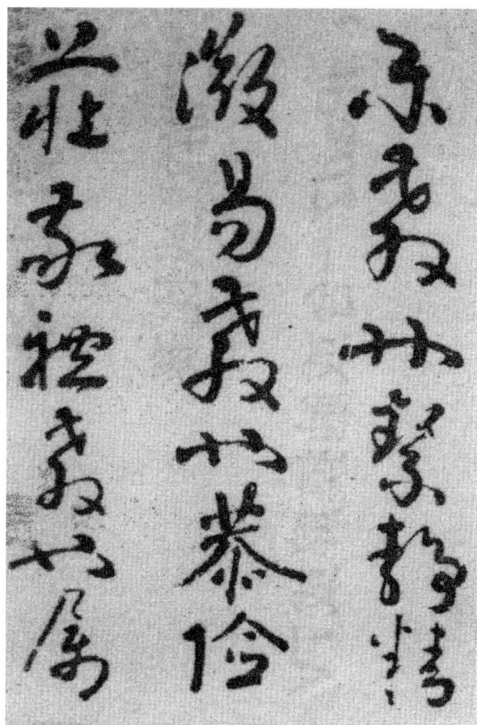

图 12　李煜诗自书手迹

5. 踏雪寻梅与驴背诗思

踏雪寻梅与驴背诗思

"遥知不是雪，为有暗香来。"如同驴背诗思一样，诗人踏雪寻梅，追寻的是一种诗兴、诗情、诗意，表现的是文人雅士爱赏风雪，苦心作诗的高洁情致。

明代程羽文《诗本事·诗思》中说："孟浩然诗思在灞桥风雪中驴背上。"此记可能有误，灞桥风雪、驴背诗思之说，较早有较为准确地记叙，见于北宋孙光宪《北梦琐言》卷七。原文为：

图1　雪履观梅图
南宋·佚名

相国郑綮善诗……或曰："相国近有新诗否？"对曰："诗思在灞桥风雪中驴子背上，此处何以得之？"盖言平生苦心也。

灞桥在长安东，时人常于此折柳送别。

郑綮（？—899年），在唐末昭宗时，以礼部侍郎同中书门下平章事，即居宰相高位，时人尊称为"相国"。郑綮存诗三首，诗名不扬，但他关于"诗思在灞桥风雪驴背上"的典故，道出了诗歌创作的甘苦，极为后人认同。

图 2　踏雪寻梅图
明·戴进

图 3　灞桥风雪图
明·吴伟

图 4　驴背诗思图
明·徐端本

图 5　踏雪寻梅图

明·吴伟

图 6　踏雪寻梅图

清·黄慎

图 7　灞桥风雪图

清·黄慎

图 8　踏雪寻梅图

清·萧晨

图 9　孟浩然踏雪寻梅图

现代·武强木版年画

八、北宋诗文

1. 王禹偁、梅尧臣和苏舜钦

图1 王禹偁画像
清刊本《吴郡名贤图传赞》

图2 梅尧臣画像
清刊本《吴郡名贤图传赞》

图3 梅尧臣《题田家语》诗意图
明刊本《御世仁风》

图4 "好峰随处改，幽径独行迷"
（梅尧臣《鲁山山行》诗意图）

图 5　苏舜钦画像

清刊本《吴郡名贤图传赞》

2. 林逋

梅妻鹤子林和靖

林逋（967—1028 年），字君复，钱塘（今浙江杭州）人。少孤力学，恬淡好古，诗书俱佳。初放游江、淮间，后隐居于杭州西湖孤山，二十年不曾进城。一生不娶，以种梅、养鹤为乐趣，自称"以梅为妻，以鹤为子"。人称"梅妻鹤子"。死后被宋真宗赐封"和靖先生"的谥号，后世尊称他为"林和靖"。"疏影横斜水清浅，暗香浮动月黄昏"，是林逋写梅的千古名句。

图 1　林逋石刻像

图 2　林和靖梅妻鹤子图
清·任渭长《列仙酒牌》

图 3　林和靖画像　　民国刊本《中国文艺辞典》

图 4　和靖咏梅图

图5 和靖调鹤图
清·黄慎

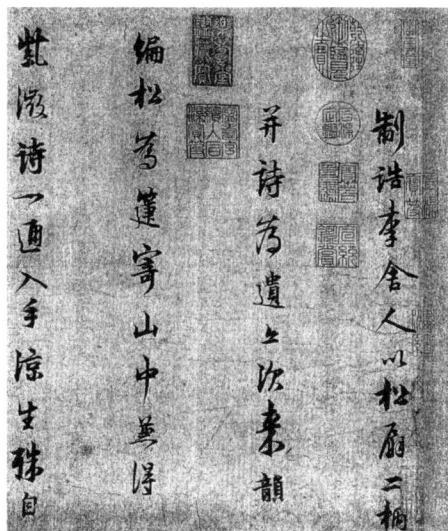

图6 自书诗书帖
北宋·林逋

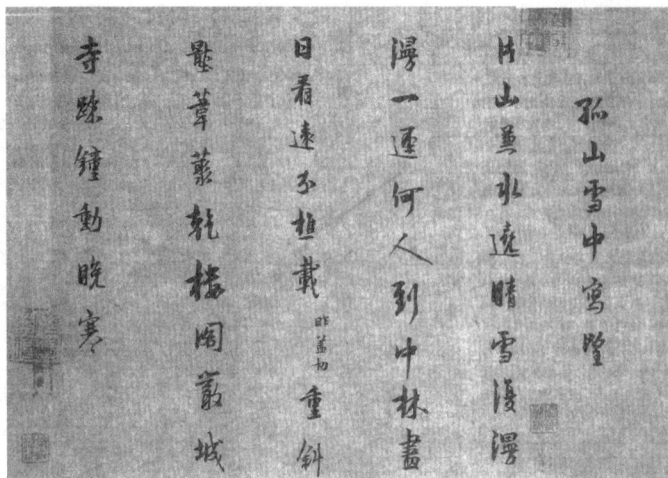

图7　自书诗书帖（局部）

北宋·林逋

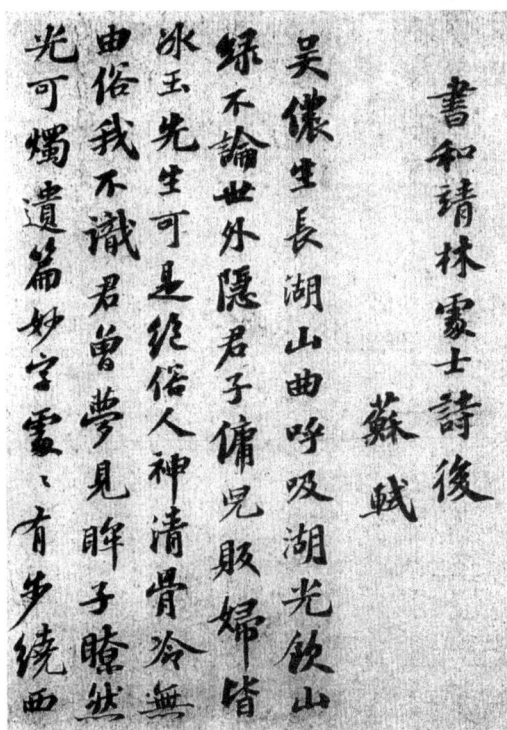

图8　书和靖林处士诗后

北宋·苏轼

图9　林和靖《孤山隐居书壁》诗意图
明·董其昌

图 10 林和靖诗意图
明·董其昌

3. 柳永

柳永与"吊永会"

柳永（987—1053 年），字耆卿，原名三变，崇安（今属福建）人。中进士后，曾任屯田员外郎，世称"柳屯田"。后曾在浙江定海等地做过几任小官，死于润州（今江苏镇江）。柳永是词史上第一个大量写作慢词的人，有不同内容不同风格的词作，俚俗之词，为市民喜爱，据说当时"凡有井水饮处，即能歌柳词"（叶梦得《避暑录话》）。柳词最适合"十七八女郎，执红牙板，歌杨柳岸晓风残月"（俞文豹《吹剑录》）。所以他经常出入于青楼歌馆，为歌儿舞女度曲填词，与她们结下了真挚的友谊。他死时穷困潦倒，歌女们集资为他安葬，并在每年清明祭扫墓地，举行"吊永会"。

图 1　柳永画像　　　　图 2　众名姬春风吊柳七图

图3 《雨霖铃·秋别》词意图
明刊本《诗馀画谱》

雨霖铃

宋·柳永

寒蝉凄切，对长亭晚，骤雨初歇，都门帐饮无绪。留恋处，兰舟催发，执手相看泪眼，竟无语凝噎。念去去，千里烟波，暮霭沉沉楚天阔。

多情自古伤离别，更那堪，冷落清秋节。今宵酒醒何处？杨柳岸，晓风残月。此去经年，应是良辰好景虚设。便纵有千种风情，更与何人说？

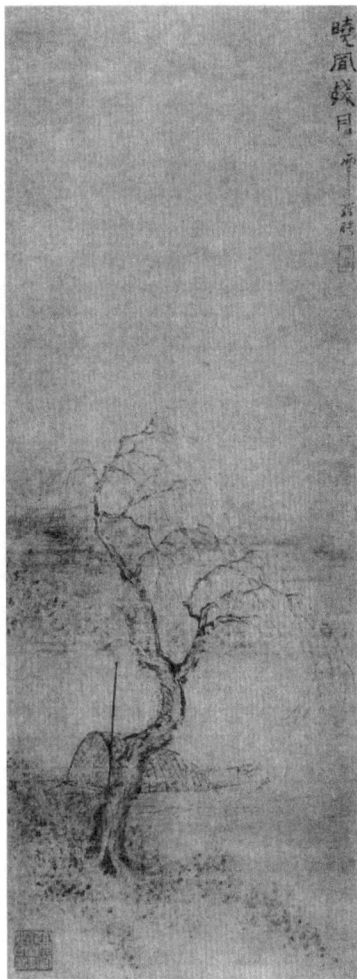

图4　晓风残月
（柳永《雨霖铃》词意图）
清·罗聘

图5　残月晓风杨柳岸
（柳永《雨霖铃》词意图）
清·任颐

4. 张先与宋祁

图1　"沉恨细思，不如桃杏，犹解嫁东风"
（张先《一丛花令》词意图）

一丛花令

宋·张先

伤高怀远几时穷？无物似情浓。离愁正引千丝乱，更东陌飞絮濛濛。嘶骑渐遥，征尘不断，何处认郎踪？　　双鸳池沼水溶溶。南陌小桡通。梯横画阁黄昏后，又还是斜月帘栊。沉恨细思，不如桃杏，犹解嫁东风。

"张三影"（张先）妙词一句成雅号

张先（990—1078年），字子野，乌程（今浙江吴兴）人。曾为晏殊聘为通判，后以尚书都官郎中致仕。

张先擅长填词，名重一时。早年以小令与晏殊、欧阳修并称，后写慢词，又与柳永齐名。张先在词中，多有出色的写"影"，人称"张三影"，他也因此引以为自豪。据宋代胡仔《苕溪渔隐丛话·前集》中记载，有客人对张先说："人们都叫您'张三中'，即心中事，眼中泪和意中人。"（此三句，见张先词《行香子》）张先却说：

"为何不叫'张三影'？"客人不明什么原因。张先说："'云破月来花弄影'；'娇柔懒起，帘压卷花影'；'柳径无人，堕风絮无影'。这才是我平生最得意的句子。"（此三句，分别见于张先词《天仙子》、《归朝欢》和《剪牡丹》）。

张先《一丛花令》词盛传一时。据说，欧阳修为未能认识作者而遗憾不已。一天，张先来到汴京专程拜访欧阳修。欧阳修听到门人通报，高兴得顾不及分清左右，反穿了鞋子去迎接，并连声说："这就是'桃杏嫁东风'郎中。"

图 2　宋祁画像

"红杏尚书" 宋祁

宋祁（998—1061 年），字子京，安州安陆（今属湖北）人。他与欧阳修合修《新唐书》，历时十余年，书成，宋祁进为工部尚书，拜翰林学士承旨。宋祁亦能作诗填词，所作《玉楼春》词中，有"红杏枝头春意闹"之句，甚为时人赞赏，固有"红杏尚书"之称。

宋祁十分叹服张先的文才，就率先登门拜访。到了张府，宋祁说："我要见'云破月来花弄影'郎中。"张先在屏风后听到声音就高喊道："是不是'红杏枝头春意闹'尚书啊！"马上出来迎接，并摆酒对饮，谈笑尽欢。此事亦见于宋代胡仔《苕溪渔隐丛话·前集》。

玉楼春

宋·宋祁

东城渐觉风光好。縠皱波纹迎客棹。绿杨烟外晓寒轻，红杏枝头春意闹。

浮生长恨欢娱少。肯爱千金轻一笑。为君持酒劝斜阳，且向花间留晚照。

图3　宋祁《玉楼春·春景》词意图
明刊本《诗馀画谱》

187

画上题识曰："红杏枝头春意闹之句，世人怜之至今。予因写其照于纸，愿以未老之春光，留斯墨汁，非特鲜艳，且傲亦彼冰雪也。钝根原济。"

图4　花卉图（"红杏枝头春意闹"词意画）
清·石涛

5. 晏殊与晏几道、苏洵与苏辙

浣溪沙·春恨

宋·晏殊

一曲新词酒一杯。去年天气旧亭台。夕阳西下几时回？　无可奈何花落去，似曾相识燕归来。小园香径独徘徊。

图1　晏殊画像

图2　晏殊《浣溪沙·春恨》词意图
明刊本《诗馀画谱》

图3 晏殊《寓意》诗意图
明刊本《明解增和千家诗注》插画

图4 晏几道画像

图 5 "落花人独立，微雨燕双归"
（晏几道《临江仙》词意图）
清·余集

图 6 落花人独立图
现代·徐悲鸿

图 7 苏洵画像

《故宫周刊》233 期

图 8 苏辙画像

《故宫周刊》237 期

图 9 苏洵画像

清·上官周《晚笑堂画传》

图 10 苏辙画像

清·上官周《晚笑堂画传》

图 11　三苏木刻图像（苏洵及其子苏轼、苏辙）

6. 周敦颐、曾巩和司马光

周敦颐（1017—1073 年），北宋哲学家、文学家。字茂叔，道州营道（今湖南道县）人。曾任州县地方官，有政绩，后退居筑室庐山莲花峰下，以营道故居濂溪名之，世称"濂溪先生"。

周敦颐是宋代理学开山祖。他主张"文以载道"（"道"指义理、心理的道德修养）。否定了文学的独立性，对后世影响颇大。

周敦颐的《爱莲说》，托物言志，以对莲花的颂赞来表现作者洁身自好、不与世俗同流合污的志趣和理想，是古代流传的散文名篇。

图 1　周敦颐画像
清·上官周《晚笑堂画传》

图 2　周敦颐《爱莲说》文意图
清·石涛

图 3　周濂溪爱莲图
现代·李耕

图 4　周敦颐爱莲图盒

爱莲说

宋·周敦颐

　　水陆草木之花，可爱者甚蕃。晋陶渊明独爱菊；自李唐来，世人甚爱牡丹；予独爱莲之出淤泥而不染，濯清涟而不妖，中通外直，不蔓不枝，香远益清，亭亭净植，可远观而不可亵玩焉。

　　予谓菊，花之隐逸者也；牡丹，花之富贵者也；莲，花之君子者也。噫！菊之爱，陶后鲜有闻。莲之爱，同予者何人？牡丹之爱，宜乎众矣！

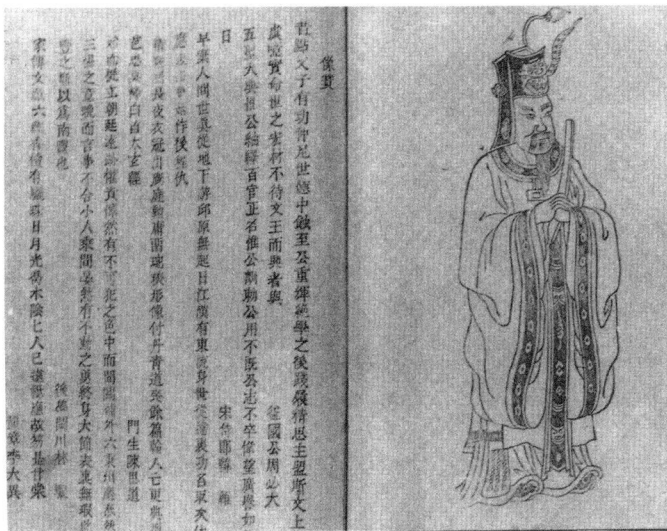

图 5　曾巩画像及像赞

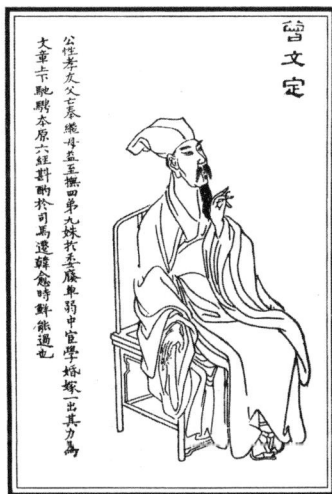

图 6　曾巩画像
清·上官周《晚笑堂画传》

图 7　司马光画像
明刊本《历代古人像赞》

图 8　司马光画像　清·上官周《晚笑堂画传》

唐宋名家诗文书画图事

7. 王安石

图1　王安石画像

清·南熏殿旧藏《圣贤画册》

图2　王安石画像

清·上官周《晚笑堂画传》

图3　王安石画像

桂枝香·金陵怀古

宋·王安石

登临送目，正故国晚秋，天气初肃。千里澄江似练，翠峰如簇。归帆去棹残阳里，背西风，酒旗斜矗。彩舟云淡，星河鹭起，画图难足。

念往昔，繁华竞逐，叹门外楼头，悲恨相续。千古凭高对此，漫嗟荣辱。六朝旧事随流水，但寒烟衰草凝绿。至今商女，时时犹唱，《后庭》遗曲。

图4　《桂枝香·金陵怀古》词意图
明刊本《诗馀画谱》

渔家傲·春景

宋·王安石

平岸小桥千嶂抱，揉蓝一水萦花草。茅屋数间窗窈窕。尘不到，时时自有春风扫。

午枕觉来闻语鸟，欹眠似听朝鸡早。忽忆故人今总老。贪梦好，茫然忘了邯郸道。

图5　《渔家傲·春景》词意图
明刊本《诗馀画谱》

千秋岁引·秋景

北宋·王安石

别馆寒砧，孤城画角，一派秋声入寥廓。东归燕从海上去，南来雁向沙头落。楚台风，庾楼月，宛如昨。

无奈被些名利缚，无奈被他情担阁，可惜风流总闲却。当初漫留华表语，而今误我秦楼约。梦阑时，酒醒后，思量着。

图6 《千秋岁引·秋景》词意图
明刊本《诗馀画谱》

图7 "一水护田将绿绕，两山排闼送青来"
（王安石《书湖阴先生壁》诗意图）

8. 西园雅集图

图1　西园雅集图
南宋·马远

西园雅集图事

　　宋神宗元丰（1078—1085 年）初年，驸马都尉王诜邀苏轼等一批文学家、书画家在他的府第雅集聚会，谓之"西园雅集"。西园，本汉代皇家上林苑的别称，曹操后来在邺都也建有西园。苏轼等 16 人的西园雅集，据说就是在王诜驸马府的花园。所谓雅集，就是文人墨客互邀相聚，吟诗作文，写字作画，或谈禅论道，或弄琴鉴乐，既有茶酒助兴，又能观花赏景，实在是高雅得很。为了显示"雅"，所以王诜将驸马府花园也以"西园"名之。

　　北宋著名人物画家李公麟当时也在京师，既参与雅集，也就绘图以记之，米芾并为此特作《西园雅集图记》一文书于图上。

　　李公麟之后，多有以"雅集"为题的类似作品，现在能见到的最早《西园雅集图》是南宋马远画作的摹本。图中"乌帽黄道服"提笔而书的是苏轼，据卷作画的当是李公麟了。

图 2　西园雅集图

明·尤求

图 3　西园雅集图

明·陈洪绶

图 4　西园雅集图

明·佚名

图 5　西园雅集图

清·石涛

图 6　西园雅集图

清·华嵒

图 7　西园雅集图

明·李士达

9. 黄庭坚

图 1　黄庭坚画像

明刊本《历代古人像赞》

图 2　黄庭坚画像

清·上官周《晚笑堂画传》

图 3　黄庭坚石刻像

清人摹刻 翁方纲题词

黄庭坚尊苏轼

黄庭坚是"苏门四学士"之一，苏轼则以朋友待之，他却是既以苏轼为友，更不忘以苏轼为师。晚年他在家中悬挂苏轼像，每天早上焚香更衣，对像行礼。有人说，苏、黄声望不相上下，黄庭坚忙起身离席避之，说："我只是东坡先生的门生，怎敢失去师生之序哩!"（宋·邵博《邵氏闻见后录》卷一）

苏轼生前与黄庭坚交谊很是深厚。一天，他们同去拜访金山寺住持佛印和尚。佛印拿出桃花酸请二人品尝。三人都吃得大皱其眉，甚为有趣。时人称之为"三酸"。《三酸图》也从此成为画家创作的好题目。

图4　三酸图

图5　松风阁诗帖

宋·黄庭坚

图6　松风阁诗壁（江西修水南山）

　　《松风阁诗帖》是黄庭坚五十七岁时自书的七言诗，行书，二十九行，现藏台北故宫博物院。字大如小拳，是黄庭坚大字行书的精品。用颜真卿大字笔意，但将其缩短的主笔伸展延长，如长枪大戟，而线条又舒展丰润，谓典型的辐射式书体。亦见篆书瘦劲婉通的特点，笔画凝练沉着，无轻佻之处。结字如奇峰耸危，却通过整篇的章法布局求得和谐、平缓，表现了黄书晚年的成熟与精到，被视为黄庭坚平生行书第一名作。

图7　黄庭坚《咏水仙》诗意图
明·杜堇《古贤诗意图》

黄庭坚诗咏水仙托意

黄庭坚爱水仙花，存诗中大约有七八首咏水仙的作品。明代画家杜堇所绘《古贤诗意图》九段，分绘李白、杜甫、韩愈等人的诗意；于宋，则专绘黄庭坚《咏水仙》。其诗云："凌波仙子生尘袜，水上轻盈步微月。是谁招此断肠魂，种作寒花寄愁绝。含香体素欲倾城，山矾是弟梅是兄。坐对真成被花恼，出门一笑大江横。"

另一篇《次韵中玉水仙花二首》则有一则轶事。

黄庭坚被召任吏部副郎。行至荆州，他上疏请求任太平知州，并住下来等待批复。黄庭坚的住处和一妙龄女子相邻。一日，黄偶见其女，以为她的幽静娴淑和美丽动人，皆为平生所未见。后，此女被父母嫁给了贫民，黄庭坚因此作《次韵中玉水仙花二首》诗以托心意。数年后，黄庭坚死在岭南。时逢荆南灾荒，已生有二子的此女，被丈夫卖给了一家田姓的家里为侍女。一日，黄庭坚的一位友人到田家做客，召见此女，已是萎靡憔悴，不再是从前的样子了。谈及往事，众人都感叹不已。黄的友人于是请田家将此女命为"国香"，以成全黄庭坚的意愿。

《次韵中玉水仙花二首》之一诗曰："借水开花自一奇，水沉为骨玉为肌。暗花以压酴醾倒，只此寒梅无好枝。"

图8　黄庭坚《新竹》诗意图

明刊本《明解增和千家诗注》

图 9　黄庭坚《鹧鸪天·渔父》词意图
明刊本《诗馀画谱》

图 10　《踏莎行》词意图
明刊本《诗馀画谱》

10. 秦观

"山抹微云秦少游"

秦观（1049—1100 年），字少游，号淮海居士，扬州高邮（今属江苏）人。曾官秘书省正字兼编修官，后历贬通州、处州、郴州和横州、雷州等地。词作纤巧柔弱，多写爱情和个人愁怨。

在"苏门四学士"中，苏轼"最善少游"。

秦观清丽哀婉的《满庭芳》，写词人对一个相好女子的别情与忆念。缠绵凄婉，是古代婉约词中的杰作。词的开端两句，尤为人称道叹赏。南

图1　秦观画像

清·南熏殿旧藏《圣贤画册》

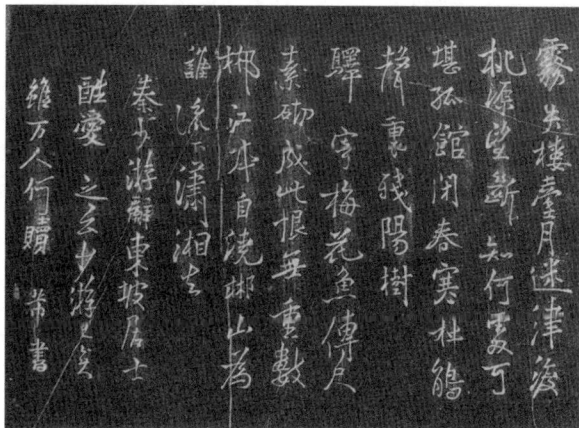

宋叶梦得《避暑录话》卷下就记载说，苏轼曾戏为句云："山抹微云秦学士，露花倒影柳屯田。"（柳永曾官屯田员外郎，其《破阵乐》词的开端云："露花倒影，烟芜蘸碧，灵沼波暖。"亦是宋词名句。）

图2　秦词，苏跋，米书"三绝碑"

踏莎行·郴州旅舍

宋·秦观

雾失楼台，月迷津渡，桃源望断无寻处。可堪孤馆闭春寒，杜鹃声里斜阳暮。

驿寄梅花，鱼传尺素，砌成此恨无重数。郴江幸自绕郴山，为谁流下潇湘去。

秦观贬徙郴州时，写下了凄美的《踏莎行·郴州旅舍》词，不到四年，即死于赦还途中。苏轼对这首词特别喜爱，将最后两句："郴江幸自绕郴山，为谁流下潇湘去"书于扇面，以示永志不忘之意，并为之作跋。跋语中说："少游已矣，虽万人莫赎"，可见他对秦观文才的极度赏识。后来，米芾将这首词并苏轼跋语书写下来。其书写墨迹在南宋时被郴州太守命工匠镌刻于苏仙岭的崖壁上。此碑因秦词、苏跋、米书，时人称之为"三绝碑"。

图3 《踏莎行·郴州旅舍》词意图
明刊本《诗馀画谱》

图4 《如梦令》词意图
明刊本《诗馀画谱》

图 5 《海棠春·春晓》词意图

明刊本《诗馀画谱》

图 6 《如梦令》词意图

近代·周慕桥

如梦令

宋·秦观

门外鸦啼杨柳，春色着人如酒。睡起熨沉香，玉腕不胜金斗。消瘦，消瘦，还是褪花时候。

11. 贺铸、周邦彦、陈师道和潘大临

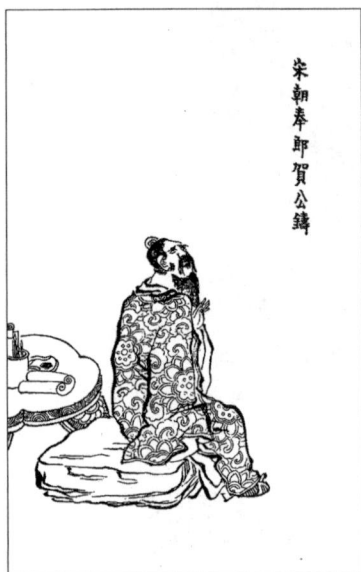

图1　贺铸画像
清·任熊《於越先贤像传赞》

图2　贺铸《柳梢青》词意图
明刊本《诗馀画谱》

图3　周邦彦《玉楼春·天台》词意图
明刊本《诗馀画谱》

渔家傲

宋·周邦彦

灰暖香融销永昼。蒲萄架上春藤秀。曲角栏干群雀斗。清明后，风梳万缕亭前柳。　日照钗梁光欲溜。循阶竹粉沾衣袖。拂拂面红如著酒。沉吟久，昨宵正是来时候。

图4　仕女图（周邦彦《渔家傲》词意图）
清·费丹旭

图5　周邦彦《满庭芳》
"风老莺雏"词意图
近代·夏敬观

图6　陈师道闭门觅句图

陈师道（1053—1102年），宋代诗人。以黄庭坚为首的江西诗派重要作家。

潘大临作诗败兴

潘大临是北宋江西诗派的重要诗人之一。有次，他的朋友谢无逸写信问他，有新作没有？他回信说："秋来景物，件件是佳句，恨为俗氛所蔽翳。昨日闲卧，闻搅林风雨声，欣然起，题其壁曰：满城风雨近重阳。忽催租人至，遂败意，止此一句奉寄。"（宋·释惠洪《冷斋夜话》卷四）

图 7　重阳风雨图

明·陈淳

九、范仲淹、 欧阳修诗文

1. 作家图像

图 1 范仲淹画像
宋·佚名

图 2 范仲淹画像
清刊本《吴郡名贤图传赞》

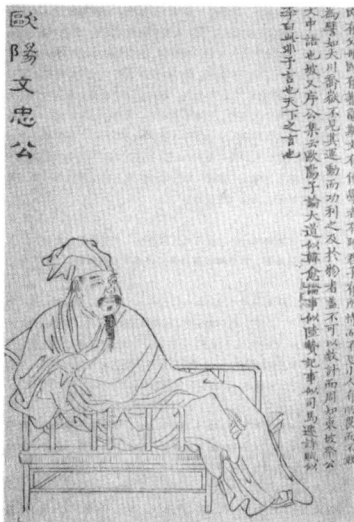

图 3 欧阳修画像
清·上官周《晚笑堂画传》

图 4 欧阳修图像
清刊本《吴郡名贤图传赞》

图5 欧阳修石刻像

2. 诗意、词意画图

渔家傲

宋·范仲淹

塞下秋来风景异，衡阳雁去无留意。四面边声连角起，千嶂里，长烟落日孤城闭。

浊酒一杯家万里，燕然未勒归无计。羌管悠悠霜满地，人不寐，将军白发征夫泪。

图1　范仲淹《渔家傲》词意图
明刊本《诗馀画谱》

答丁元珍

宋·欧阳修
春风疑不到天涯，
二月山城未见花。
残雪压枝犹有橘，
冻雷惊笋欲抽芽。
夜闻啼雁生乡思，
病入新年感物华。
曾是洛阳花下客，
野芳虽晚不须嗟。

图2　欧阳修《答丁元珍》诗意图
明刊本《明解增和千家诗注》

图 3　欧阳修《蝶恋花》词意图
明刊本《诗馀画谱》

图 4　欧阳修《临江仙》词意图
明刊本《诗馀画谱》

图 5　"月上柳梢头，人约黄昏后"（欧阳修《生查子》词意图）

3. 范仲淹《岳阳楼记》书画图

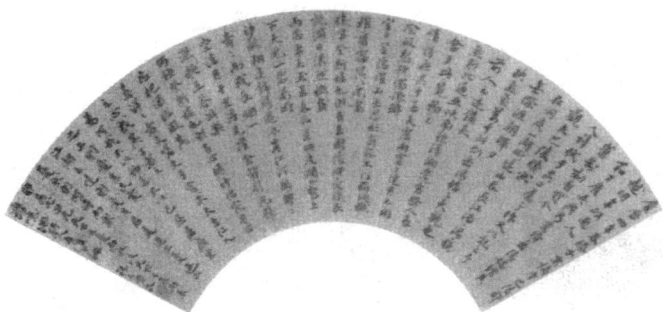

图1 《岳阳楼记》书法（扇面）

明·文徵明

图2 《岳阳楼记》行书（木刻拓片）

清·张照 书

图3 岳阳楼图

五代·李昇

4. 欧阳修《醉翁亭记》书画图

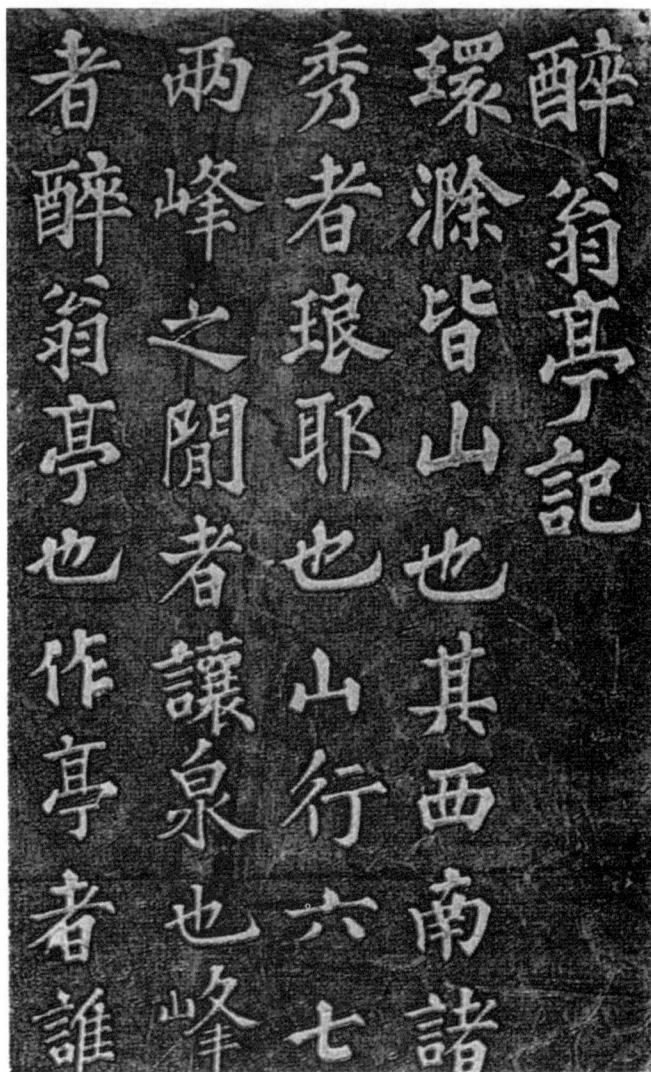

图1 《醉翁亭记》书帖（碑刻拓片）

宋·苏轼

苏轼书写《醉翁亭记》

宋仁宗庆历五年（1045年）秋冬之际，欧阳修被贬到安徽滁州任太守。他寄情山水秀色，常到滁州西南琅琊山开化寺游赏。寺僧智仙于水旁建有一亭，欧阳修常饮宴于此，因其自号醉翁，故名此亭为"醉翁亭"，并写有著名的《醉翁亭记》。文章写好后，欧阳修亲自书丹上石，请人刊刻，立碑石于亭旁。碑立之后，引来众多士人的观赏和拓片。

欧阳修书字较小，碑刻笔墨很淡。当地官员为了使碑文流传久远，即请苏轼重写大字

图2 大字《醉翁亭记》（碑刻）
宋·苏轼

楷书，以便重新深刻上石。苏轼欣然命笔，于元祐六年（1091年）以擘窠正书写成，刻石七块，立于滁县。后有款记说："滁守王君诏请以滁人之意求书于轼，轼于先生（指欧阳修）为门下士，不可以辞……"此碑刻成，立即被誉为"欧文苏字无价宝"。据说当时有一条不成文的规定，老百姓有谁得到一篇"欧文苏字"的，官府就免收他三年的钱粮。

另外，亦传有苏轼行草书《醉翁亭记》，原迹曾归南宋赵孟坚，明隆庆五年（1571年）文彭将此摹勒，吴应析刻于河南新郑。碑共十八块，现存河南郑州博物馆。石后有赵孟頫、沈周、文彭等人的9则跋语。

赵孟頫跋称："夫有志于书法者，心力已竭而不能进，见古名书则长一倍。余见此，岂止一倍而已。"评价极高。（只是明代王世贞认为此迹书法极有张旭、怀素屋漏痕意，而疑其非苏轼手笔。）

由于此碑文为名篇，书者为大家，以后又有名家赵孟頫、沈周等人的亲笔题跋，因而也有"三绝碑"之誉。

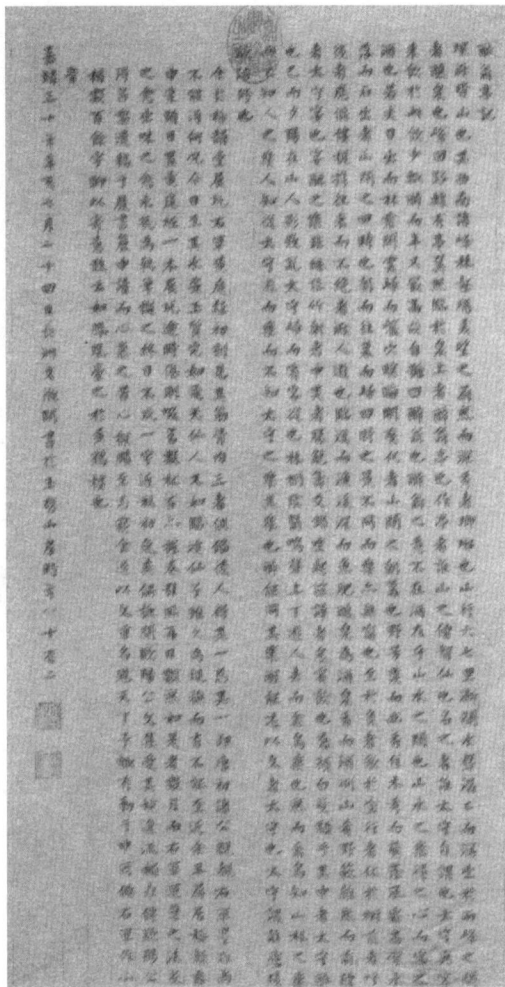

图 3 　《醉翁亭记》楷书帖

明·文徵明

图 4 　醉翁亭图

明·仇英

欧阳修改文章

　　欧阳修写文章，极为认真，字勘句酌，精思细改，直到自己满意，才拿给别人看。这就是宋代何薳《春渚纪闻》中说的："欧阳文忠公，作文既毕，贴之墙壁，坐卧观之，改正尽善，方出以示人。"据《朱子语类大全》中的记载，散文名篇《醉翁亭记》的开头一句，就是经过反复修改才写定的："欧公文亦多是修改到妙处。顷有人买得他《醉翁亭记》稿，初是说'滁州四面有山'，凡数十字。末后改定，只曰'环滁皆山也'五字而已。"

5. 欧阳修《秋声赋》书画图

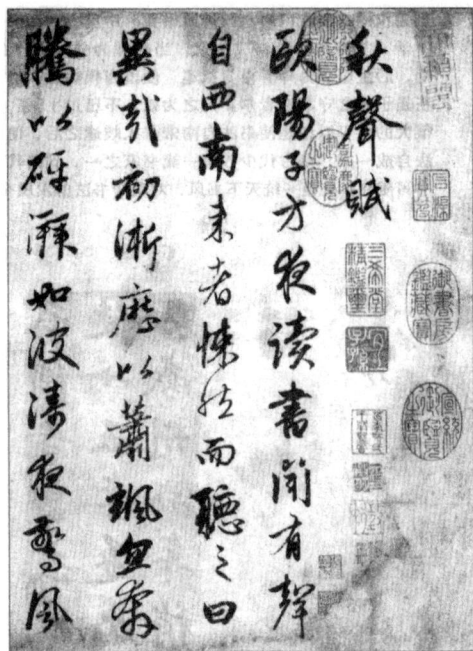

图1　《秋声赋》行书帖（局部）

元·赵孟頫

图2　《秋声赋》图（局部）

明·邵弥

图 3　《秋声赋》文意图
清·华嵒

图 4　《秋声赋》文意青花笔筒

图 5 《秋声赋》文意图
清·任颐

十、苏轼诗文

1. 苏轼图像及生活情景画

图1　苏轼画像

明刊本《历代古人像赞》

图2　苏轼画像

清·上官周《晚笑堂画传》

图3　苏轼画像

清·南熏殿旧藏《圣贤画册》

图4　苏轼石刻像

江苏扬州三贤祠

图 5　苏轼石刻像

图 6　东坡题扇图
明·周臣

苏东坡题扇济困

苏轼因反对新法,由京官贬到杭州任通判。到任之日,即有人来告状,说有制扇人欠他二万绫绢钱不还。苏轼传唤欠账人来当面询问。制扇人诉说道："我家以制扇售扇为生。前不久，父亲去世，如今又值春天，连雨天寒，所制绢扇卖不出去，实在是拿不出钱来还账，并不是故意拖欠不还。"苏轼见那人老实忠厚，不像刁钻顽劣之徒，想了一会儿，说："你回去把扇子拿来，我来助你发售。"制扇人听了，喜出望外，赶紧回家取来一大捆制扇。苏轼从中挑出二十把夹绢团扇，随手用写判词的笔，于扇面作行草书数行，并绘枯木竹石。二十把团扇题写完后，苏轼对制扇人说："拿出去卖后，立即把欠账还清。"制扇人叩头谢恩，抱扇离去。刚走出公府衙门，他就被一群好事者围住，他们都是久仰苏轼书画大名、喜爱并收藏书画作品的人。制扇人以千钱一把的高价出售，二十把白扇也很快都被抢购一空，令后来赶到的人懊悔不已。制扇人用卖扇的钱，还清了全部债款。此事很快在全城传为美谈。人们对苏轼此举称赏赞叹不已。

事见宋代何莲《春渚纪闻》卷六所载。

图 7　苏轼回翰林院图
明·张路

苏轼回翰林院

元丰八年，神宗病死，哲宗年幼，高太后临朝，起用旧党司马光执政，苏轼即被调回京，任中书舍人、翰林学士、知制诰等。一日，高太后下诏，令苏轼进宫，向他表示慰藉，重申信任。之后，高太后令宫女摘下座椅上的金莲灯为苏轼照明，送他返回翰林院。画中的苏轼在众宫女簇拥下，缓步而行。苏轼侧身回望，不舍离去的神色中，充满了感恩之情。

图8 苏轼留带图

明·崔子忠

《苏轼留带图》画苏轼与佛印和尚禅语游戏的故事。佛印将向苏轼提一个富有禅机的问题，如果苏轼不能立即回答，就要将所系玉带留下。苏轼同意了，取下玉带置于几上。佛印说出问题后，还未等苏轼回答，即命侍者收此玉带，留在寺内，"永镇山门"。(见《东坡事略》)

图 9　东坡题竹图

明·杜堇

图 10　东坡得砚图
清·黄慎

图 11　东坡玩砚图
清·任颐

2. 竹杖芒鞋笠屐图

图1 苏轼画像
北宋·李公麟

图2 苏轼画像
元·赵孟頫

"竹杖芒鞋轻胜马"的苏东坡

苏轼（1037—1101年），字子瞻，号东坡居士。眉州眉山（今属四川）人。曾官中书舍人、翰林学士兼侍读。一生仕途坎坷，因反对王安石新法，多次被贬为地方官，最终病死在赦归途中。

苏轼才华横溢，是一个文艺全才，诗、词、散文创作成就极高。诗作与黄庭坚并称"苏黄"；其词开豪放一派；散文更是纵横豪宕，波澜迭出。苏轼的书法和绘画，享誉宋代，在中国书画史上也占有重要地位。

苏轼生性豪放，政治上虽屡遭沉重打击，但仍自信与豁达。李公麟和赵孟頫为苏轼画像，都较好地表现了他饱经磨难，却不畏风雨，不失坚守的精神气质。

　　苏轼贬官黄州两年后，宋神宗元丰五年（1082 年）的三月七日，他和朋友去黄州东南三十里的沙湖游玩。途中遇雨，众人都被淋得狼狈不堪，只有苏轼"竹杖芒鞋轻胜马"，从容不迫，镇定自若。这就是他在《定风波·沙湖道中遇雨》中所描写的情景：

　　　　三月七日沙湖道中遇雨，雨具先去，同行皆狼狈，余独不觉。已而遂晴，故作此。
　　　　莫听穿林打叶声，何妨吟啸且徐行。竹杖芒鞋轻胜马，谁怕？一蓑烟雨任平生。　　料峭春风吹酒醒，微冷，山头斜照却相迎。回首向来萧瑟处，归去，也无风雨也无晴。

　　从此，竹杖芒鞋就成了苏轼图像的标志。晚年，苏轼流放岭南，头戴斗笠，脚穿雨屐的笠屐图又成了苏轼的新形象。

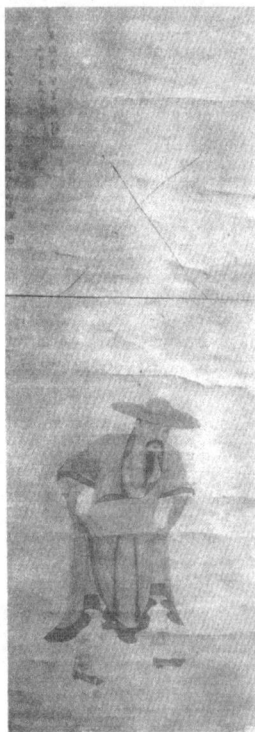

图 3　东坡先生笠屐图
明·尤求

图 4　东坡笠屐图
海南儋耳东坡书院

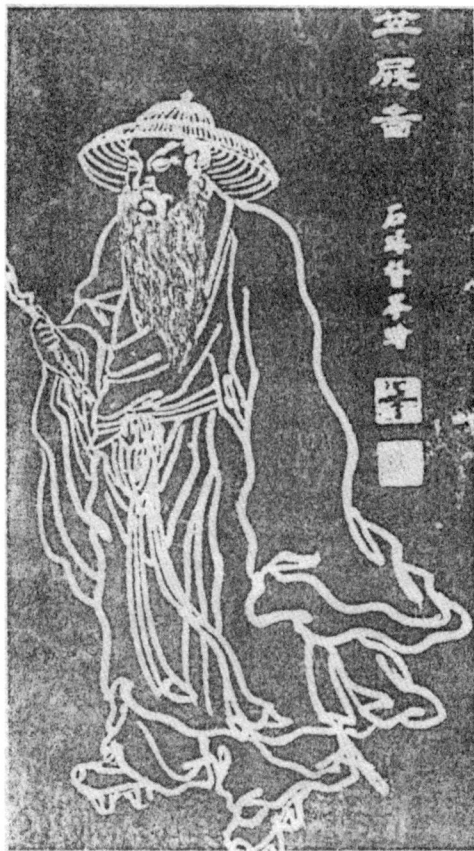

图 5　东坡笠屐图

3. 苏轼诗作书画图

《海棠》诗和《高烧银烛照红妆》图

清初徐釚《续本事诗·海棠》载："东坡谪黄州，居于定惠院之东。杂花满山，而独有海棠一株土人不知贵，东坡为作长篇。"平生喜为人写，盖人间刊石者，自有五六本，云："吾平生最为得意诗也。"

说的是苏轼贬官黄州时，曾住在定惠院之东。那里杂花满山，独有海棠

图1　高烧银烛照红妆
南宋·马麟

一株，土人不知其珍贵。横遭贬谪的苏轼一到黄州，便视此海棠为知己，数次小酌花下，并为之赋诗。元丰三年作七言古诗《寓居定惠院之东，杂花满山，有海棠一株，土人不知贵也》，后又作著名七言绝句《海棠》，其诗曰：

> 东风袅袅泛崇光，香雾空蒙月转廊。
> 只恐夜深花睡去，故烧高烛照红妆。

"红妆"，指妇女的盛装，后借指美女。诗由咏海棠而落脚到美人（"红妆"），是因了唐明皇对杨贵妃的一个比喻。据《明皇杂录》载，唐明皇登沉香亭，召杨贵妃陪侍，但她因早晨喝了酒（"卯酒"）而酒醉未醒。高力士引领侍女把杨贵妃扶来后，她仍是醉颜残妆，鬓乱钗横，无法跪拜。"上皇笑曰：'岂是妃子醉耶？海棠睡未足耳！'"唐明皇将人比花，苏诗则以花喻人。又，李商隐《花下醉》诗句曰："客散酒醒深夜后，更持红烛赏残花。"苏轼融两典故于诗，构思别致，妙化入神。情致真切，为世人传诵。南宋

画家马麟（马远之子）抓住了作为诗眼的末句，略作变动以为画题，画出了《高烧银烛照红妆》的存世名作。

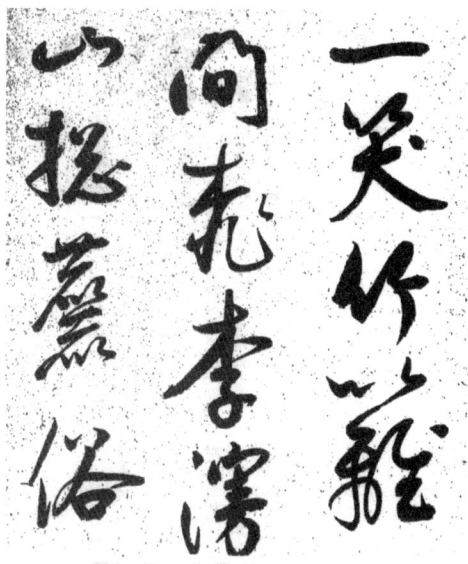

图2 《海棠》诗行草书帖
元·鲜于枢

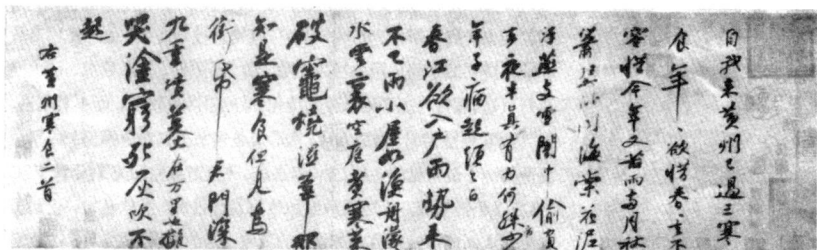

图3 黄州寒食帖
北宋·苏轼

苏轼于宋神宗元丰三年（1080年）贬官黄州任团练副使。在黄州的五年，是他一生文学创作的又一高峰时期。这一时期的诗文创作除了散文名篇前、后《赤壁赋》和《定风波》词外，还有三首诗词受到书画家（包括苏轼本人）的特别关注，即《黄州寒食》诗、《海棠》和《念奴娇·赤壁怀古》词等。其中尤以苏轼自书《黄州寒食诗帖》最为著名。

《黄州寒食帖》代表了苏轼行书的最高成就。原作五言诗《寒食雨二首》，创作于贬官黄州的第三个寒食节，即在元丰五年（1082

年），书于元祐四年（1089 年）。正文凡十七行，真迹现藏于台北故宫博物院（一说为私人收藏）。此帖以行书起笔，偶间草书，每行九十字。写到第二首则打破了前面的规矩，字体变大，运笔加快，如疾风暴雨一般，愈写愈潇洒奔逸。直至最后，写上"右黄州寒食二首"几个小字为题作结。整幅手卷行气错落，笔势多变，情绪激越，笔意自然。以侧笔为主，而又多藏其锋，使之圆劲而有韵味。黄庭坚在此诗帖的跋语中说："东坡此诗似李太白，犹恐太白有未到处。此书兼颜鲁公、杨少师、李西台笔意，试使东坡复为之，未必及此。它日东坡或见此书，应笑我于无佛处称尊也。"明代董其昌也跋称："余生平见东坡先生真迹不下三十余卷，必以此为甲观。"评价都极高。尤其是黄庭坚的大字题跋，书写精到，遒健潇洒，与诗帖联成著名的合璧。《黄州寒食诗帖》是尚意书风最先起、最成功的代表作，因此有人将其与重韵的《兰亭序》、重气的《祭侄季明文稿》并称为"行书三绝"，均为中国书法史上里程碑似的经典之作。

诗中表达的苦涩心情与书法用笔的抑郁顿挫的完美统一，是作品成功的最重要的因素。

图 4　黄州寒食诗卷跋

北宋·黄庭坚

4. 苏轼词作词意画

铜琶铁板唱东坡词

南宋俞文豹《吹剑录》中说：

东波在玉堂日，有幕士善歌，因问：我词何如柳七？对曰：柳郎中词只合十七八女郎，执红牙板，歌"杨柳岸晓风残月"，学士词须关西大汉，抱铜琵琶，执铁绰板，唱"大江东去"。东坡为之绝倒。

图1　《念奴娇·赤壁怀古》词意图
明刊本《诗馀画谱》

念奴娇·赤壁怀古

北宋·苏轼

大江东去，浪淘尽，千古风流人物。故垒西边，人道是，三国周郎赤壁。乱石穿空，惊涛拍岸，卷起千堆雪。江山如画，一时多少豪杰！

遥想公瑾当年，小乔初嫁了，雄姿英发。羽扇纶巾，谈笑间，樯橹灰飞烟灭。故国神游，多情应笑我，早生华发。人生如梦，一尊还酹江月。

水调歌头

北宋·苏轼

明月几时有？把酒问青天。
不知天上宫阙，今夕是何年。
我欲乘风归去，又恐琼楼玉宇，
高处不胜寒。起舞弄清影，何
似在人间。

转朱阁，低绮户，照无眠。
不应有恨，何事长向别时圆。
人有悲欢离合，月有阴晴圆缺，
此事古难全。但愿人长久，千
里共婵娟。

图2　《水调歌头》词意图
明刊本《诗馀画谱》

图3　《水龙吟·杨花》词意图
明刊本《诗馀画谱》

图4　《卜算子》词意图
明刊本《诗馀画谱》

卜算子

北宋·苏轼

缺月挂疏桐，漏断人初静。时见幽人独往来，缥缈孤鸿影。
惊起却回头，有恨无人省。拣尽寒枝不肯栖，寂寞沙洲冷。

图5 《蝶恋花》词意图
明刊本《诗馀画谱》

朝云难唱《蝶恋花》

苏轼贬官惠州（今属广东省）时，有侍妾名朝云。深秋的一天，苏轼命朝云歌《蝶恋花》词助酒兴。朝云歌喉将啭，却泪满衣襟。苏轼问其故，朝云回答道："奴所不能歌者，是'枝上柳绵吹又少，天涯何处无芳草'也。"苏轼翻然大笑道："是吾正悲秋，而汝又伤春矣。"清代张宗橚《词林纪事》卷五引《林下偶谈》记叙的这则轶事，元代伊世珍《琅嬛记》卷中早有所录："子瞻在惠州，与朝云闲坐，时青女初至，落木萧萧，凄然有悲秋之意。命朝云把大白，唱'花褪残红'，朝云歌喉将啭，泪满衣襟。子瞻诘其故，答曰：'奴所不能歌，是枝上柳绵吹又少，天涯何处无芳草也。'子瞻翻然大笑曰：是吾正悲秋，而汝又伤春矣。'遂罢。朝云不久抱疾而亡，子瞻终身不复听此词。"

清人王素根据这则故事作《朝云小像》，画朝云托腮凝思，不胜惆怅的样子，并于画的左上方题写了相关的记载文字。

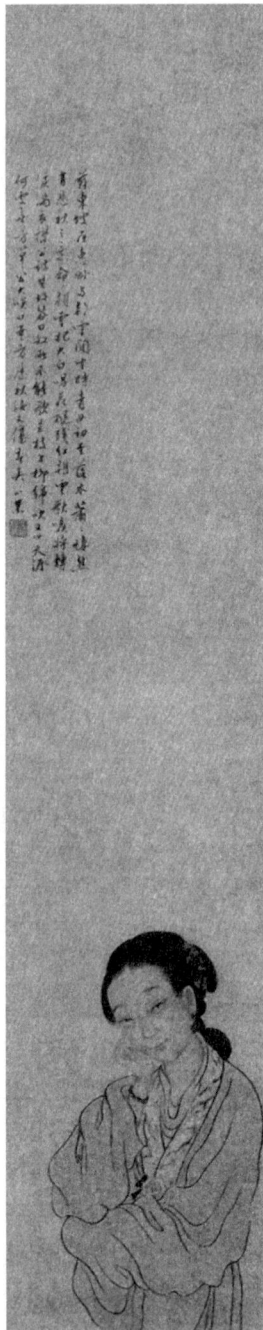

图6　朝云小像
清·王素

5. 《记承天寺夜游》 文意图

图1　承天寺夜游图
明·沈周

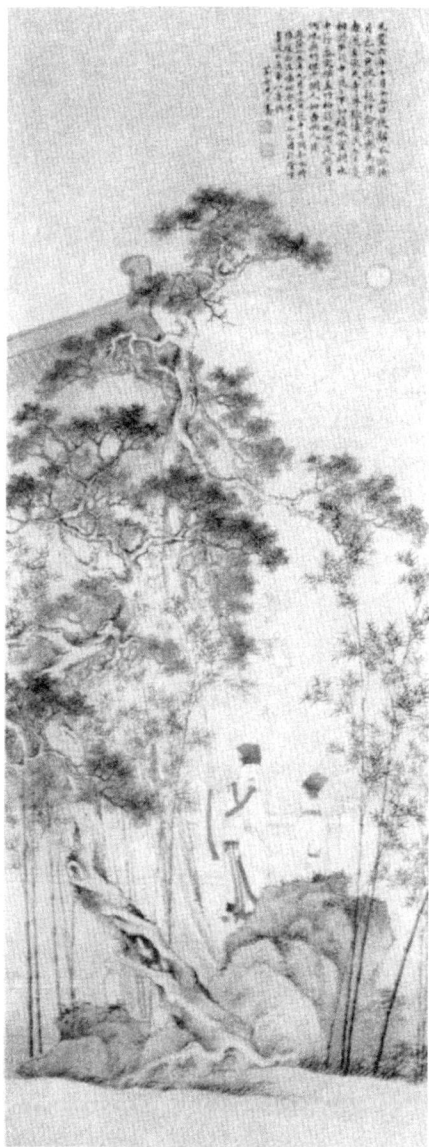

图2　夜游承天寺图
清·沈宗骞

记承天寺夜游

北宋·苏轼

元丰六年十月十二日夜，解衣欲睡，月色入户，欣然起行。念无与为乐者，遂至承天寺寻张怀民。怀民亦未寝，相与步于中庭。庭下如积水空明，水中藻荇交横，盖竹柏影也。

何夜无月？何处无竹柏？但少闲人如吾两人者耳。

图3　承天寺夜游图

清·任颐（伯年）

6. 《赤壁赋》书法图

　　苏轼贬为黄州（今湖北黄冈）团练副使五年，是他一生中文艺创作的又一高峰时期，散文名篇《赤壁赋》，写于元丰五年（1082年），表达了作者超然物外、淡泊处世的旷达。

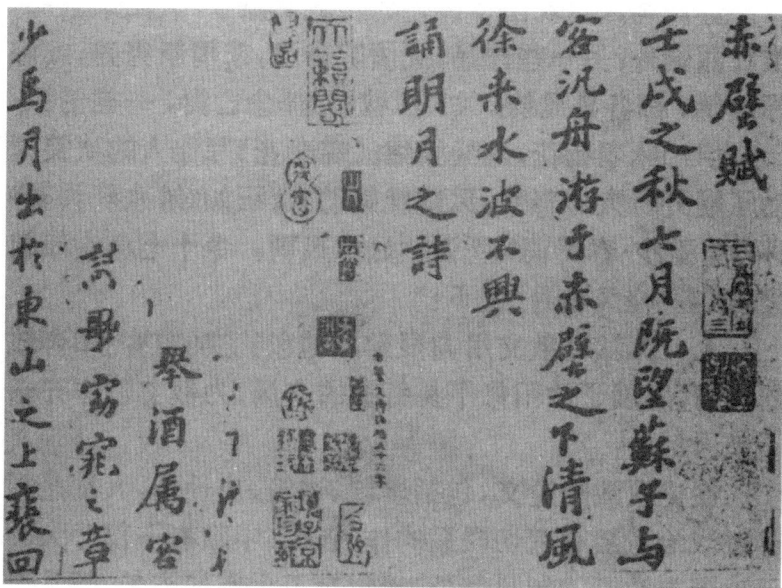

图1　《赤壁赋》行书帖

北宋·苏轼

　　书帖则写于作赋后第二年。苏轼选择了较正规的行书体，笔画丰腴而圆润，文凡六十六行，现藏台北故宫博物院。明代董其昌在题跋中说："此赋楚骚之一变，此书《兰亭》之一变也。宋人文字俱以此为极则。"《画禅室随笔》中又说："此《赤壁赋》庶几所谓欲透纸背者。乃全用正锋，是坡公之《兰亭》也。"确实，此帖运笔古拙内含，不似苏轼其他书法用侧锋卧笔，而全用正锋，宽博而力劲，如棉裹铁，风致萧散。书风与文境和谐相适，相映生辉。

图 2　《赤壁赋》书帖

元·赵孟頫

祝允明《前后赤壁赋》，书于正德十六年（1521 年），小草，人称此卷为守法之作，汇晋唐法度。用笔深厚，似含筋裹骨，瘦劲遒畅。结体秀美，字不相连，但心手相应，转折牵丝处巧妙自然，流转自如，尽显洒脱飘逸之气。祝允明晚年用狂草书写的《前后赤壁赋》纸本墨迹，明人文嘉在其跋语中说："枝山此书，点画狼藉，使转精神，得张颠之雄壮，藏真（怀素）之飞动；所谓屋漏痕，折股钗、担夫争道、长年荡桨等，法意咸背。盖其晚年用意之书也。"全卷结体用笔，多有奇趣，气度恢宏，精悍绝伦。其蔑视古法的狂怪精神，往往会使人忽略其"落笔太易，微失过硬"（清人梁巘语）的缺陷。

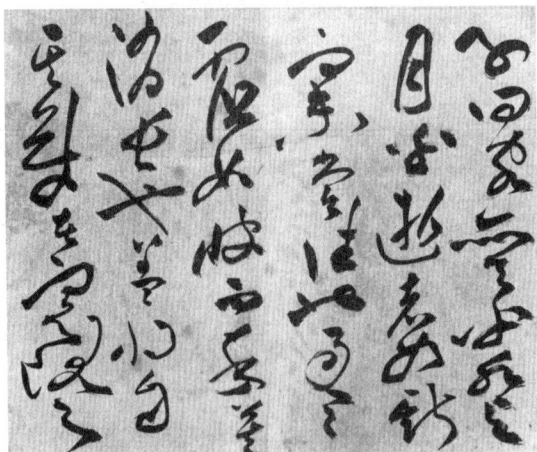

图 3　《赤壁赋》草书帖

明·祝允明

文徵明一生曾多次临写《赤壁赋》。据一些著录和题跋所载，现已知他写有《赤壁赋》14件，存世墨迹大约是行书五本，小楷一种（69岁所书《前赋》，86岁所书《后赋》）。这些作品，或书于秋八月既望于游湖舟中，或夜不能寐书以遣兴，或闲窗无事书以寄怀，或墨有余渖书以尽兴。而89岁书写最后一幅《赤壁赋》，距他去世仅四个月。文徵明87岁作行书巨制《赤壁赋》，现藏上海博物馆。全卷气势流贯，老笔纷披，笔劲墨沉，真正显示了书家自如驾驭的神韵。结体平整，偶有欹侧，于整饬中见温润。有黄庭坚纵逸之笔意，更是融众长而自出机杼的佳构。而两年之后，即89岁时所作行书《赤壁赋》，也仍是苍劲老辣，沉着凝重，丝毫不见迟缓沓拖的毛病。

图4　《赤壁赋》楷书帖

明·文徵明

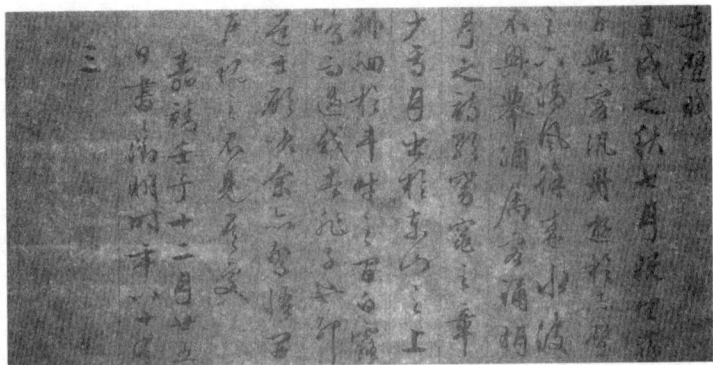

图5 《赤壁赋》行书帖
明·文徵明

图6 《前赤壁赋》书帖
明·王宠

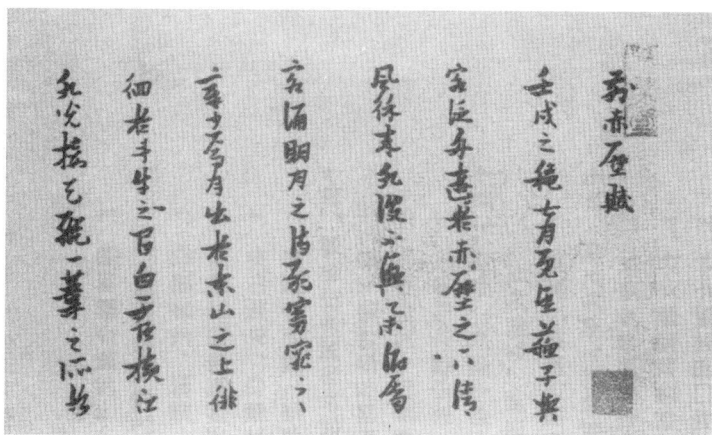

图7 《前赤壁赋》书帖
明·张端图

图8 湖北黄州二赋堂

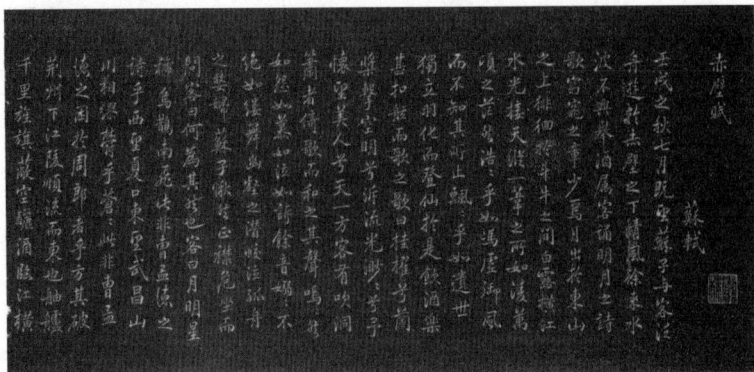

图 9 《赤壁赋》石刻碑帖

图 10 《后赤壁赋》石刻碑帖

7. 《赤壁赋》文意画

图 1　后赤壁赋图
北宋·乔仲常

前、后《赤壁赋》

　　《赤壁赋》是苏轼最著名的散文名篇，也是他贬官黄州时创作的最优秀的诗文作品之一。

　　苏轼贬谪黄州的两年后，即宋神宗元丰五年（1082 年）三月七日，苏轼写了著名的《定风波》词。同年七月和十月，苏轼和朋友两游黄州附近的赤壁，写下了千古名文前、后《赤壁赋》。赋文集中表现了苏轼超然物外，淡泊处世的乐观旷达精神，引起了历代文人墨客的同情与共鸣，也成为了众多书画家热衷创作的主题。除了苏轼的自书手迹，最早在北宋时期，就有乔仲常的《后赤壁赋图》。乔仲常是苏轼的好友，画家李公麟的弟子，可以说是与苏轼属于同一时期的画家。此后，从金元至明清，历代都有以《赤壁赋》的书画作品存世或存目。如明代文徵明，一生曾多次临写《赤壁赋》，存目至少有十四件、存世有六件（行书五，楷书一）。而且，据清代张庚《图画精意识》说，他曾背摹宋代画家赵伯驹画苏轼图像十种。其中孤鹤横江、就寝、梦道士、开户视之等，均取自《赤壁赋》的描写。

《赤壁赋》的书画品种之多，不仅在苏轼的作品中，就是在中国古代文学作品中，也都是位居前列的。

图 2　赤壁后游图
南宋·马和之

图 3　后赤壁赋图
南宋·马和之

图 4　赤壁图
金·武元直

图 5　赤壁图
明·仇英

图 6　前赤壁图
明·陈淳

图7　前后赤壁赋图（扇面）
明·文伯仁

图8　赤壁泛游图
清·清溪

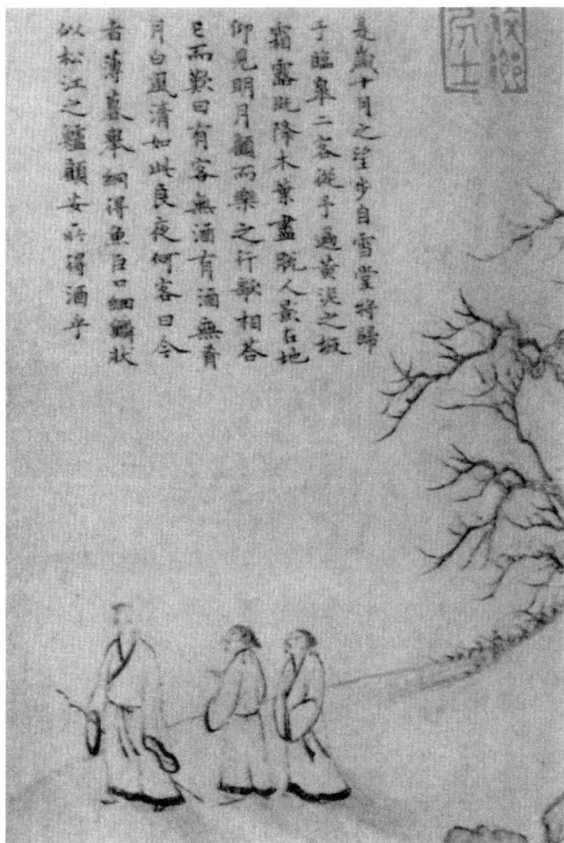

是歲十月之望步自雪堂將歸
于臨皋二客從予過黃泥之坂
霜露既降木葉盡脫人影在地
仰見明月顧而樂之行歌相荅
已而歎曰有客無酒有酒無肴
月白風清如此良夜何客曰今
者薄暮舉網得魚巨口細鱗狀
似松江之鱸顧安所得酒乎

图 9　后赤壁赋图
宋·佚名

图 10　后赤壁图（缂丝）
明·仇英

缂丝，手工织成的丝织品，有花纹图案，当空照视，有如刻镂而成，有立体感。

图 11　赤壁夜游图
近代·杨柳青年画

图 12　青花瓶《赤壁赋》图（局部）

十一、南宋诗文

1. 叶梦得、朱敦儒、周紫芝和张孝祥

图 1　叶梦得画像
清刊本《吴郡名贤图传赞》

图 2　叶梦得《菩萨蛮·湖光亭晚景》词意图
明·董其昌《秋兴八景图》之五

图 3　叶梦得《念奴娇·中秋》词意图
明刊本《诗馀画谱》

图 4　朱敦儒画像

《图说河南文学史》插图

图 5　周紫芝《念王孙》词意图

清·费丹旭（《仕女图册》之五）

图6 张孝祥《念奴娇·过洞庭》词意图
明刊本《诗馀画谱》

念奴娇·过洞庭

宋·张孝祥

洞庭青草，近中秋，更无一点风色。玉界琼田三万顷，着我扁舟一叶。素月分辉，明河共影，表里俱澄澈。悠然心会，妙处难与君说。　　应念岭海经年，孤光自照，肝胆皆冰雪。短发萧疏襟袖冷，稳泛沧溟空阔。尽挹西江，细斟北斗，万象为宾客。扣舷独啸，不知今夕何夕！

2. 李纲、胡铨、岳飞和文天祥

像 紀 伯 李

图 1　李纲画像
明刊本《三才图会》

图 2　胡铨画像
选自《胡澹庵先生文集》

图3 岳飞画像
清·金古良《无双谱》

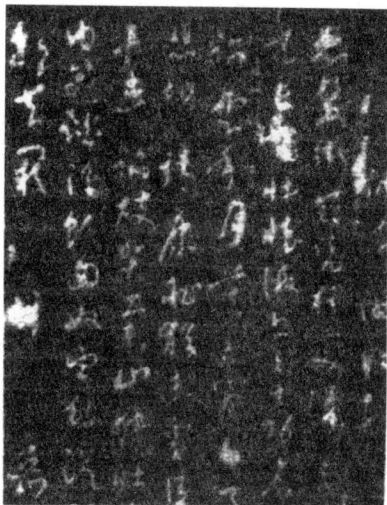

图4 岳飞《满江红》词书帖（石刻）

满江红

宋·岳飞

怒发冲冠，凭栏处、潇潇雨歇。抬望眼，仰天长啸，壮怀激烈。
三十功名尘与土，八千里路云和月。莫等闲、白了少年头，空悲切。
靖康耻，犹未雪。臣子恨，何时灭！驾长车，踏破贺兰山缺。
壮志饥餐胡虏肉，笑谈渴饮匈奴血。待从头、收拾旧山河，朝天阙。

图5 文天祥画像
明·胡文焕刻本《圣贤图像》

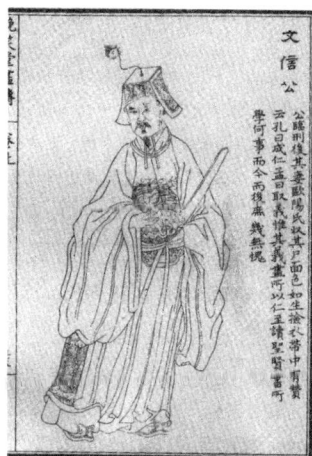

图6 文天祥画像
清·上官周《晚笑堂画传》

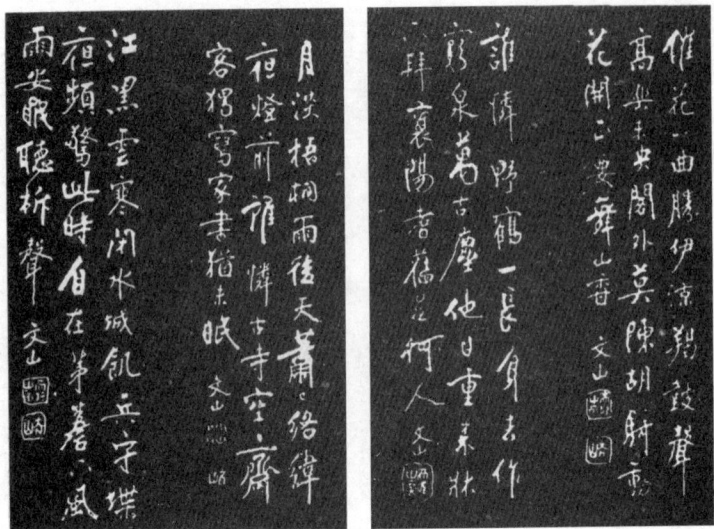

图7　宋·文天祥　幕府杂诗行书帖

3. 陈与义、范成大、杨万里和朱熹

图 1　陈与义画像
《图说河南文学史》插图

图 2　陈与义《醉中至西径梅花下已盛开》诗意图
明·朱冲秋

図 3　陈与义《临江仙》词意图

近代·周慕桥

临江仙·夜登小阁忆洛中旧游

南宋·陈与义

忆昔午桥桥上饮，坐中多是豪英。长沟流月去无声。杏花疏影里，吹笛到天明。　　二十余年如一梦，此身虽在堪惊。

图 4　范成大画像

《历代名臣像解》

图绘范成大晚年隐居苏州石湖的田园风光。

图 5　石湖小景图

明·文嘉

图 6　范成大四时田园杂兴诗书帖

元·朱德润

图 7　杨万里画像

江西吉水湴塘故里存版

此图为周臣《古贤诗意图》之一，一般标为《杨万里诗意图》，实则用的是杨万里《闲居初夏午睡起》诗意。诗云："梅子留酸软齿牙，芭蕉分绿与窗纱。日长睡起无情思，闲看儿童捉柳花。"

稍晚于周臣的仇英亦有《捉柳花图》。

图 8　"闲看儿童捉柳花"诗意图
明·周臣

图 9　捉柳花图
明·仇英

图 10　朱熹画像

明万历版朱氏族谱

图 11　朱熹画像

清·上官周《晚笑堂画传》

观书有感

南宋·朱熹

半亩方塘一鉴开，天光云影共徘徊。问渠那得清如许，为有源头活水来。

——朱熹《观书有感》

图 12　朱熹著书图

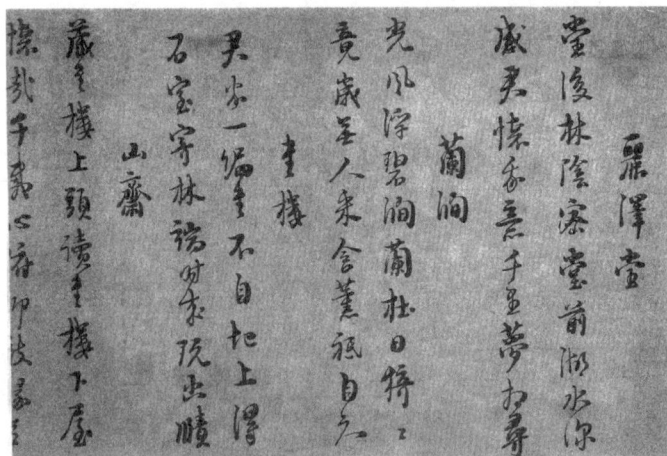

图 13　城南唱和诗书帖（局部）

宋·朱熹

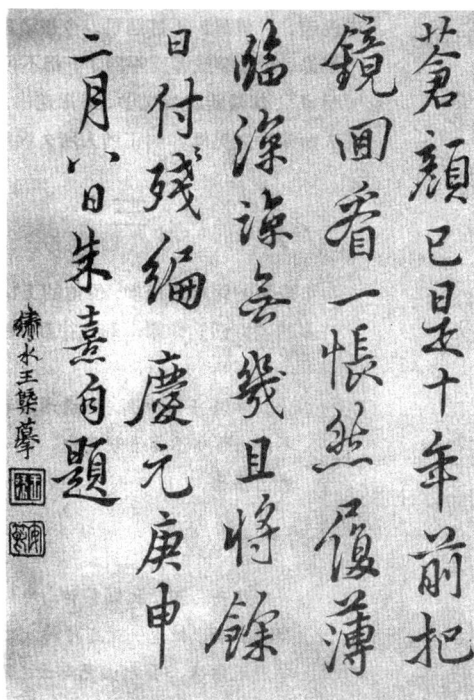

图 14　励志题诗

宋·朱熹

清·王澍 摹刻

4. 陆 游

图1　陆游画像
清·任熊《於越先贤像传赞》

图2　陆游画像　　　　图3　陆游石刻像

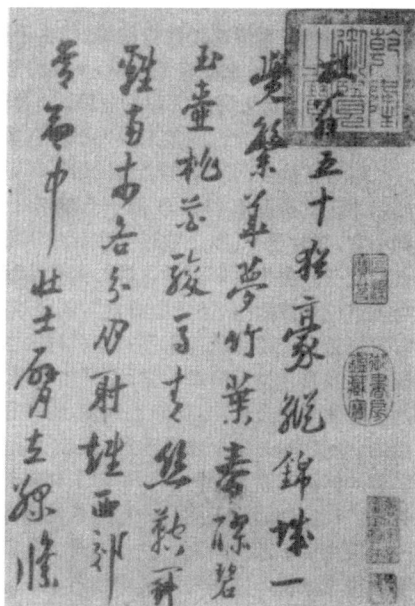

图 4　怀成都诗行书帖

南宋·陆游

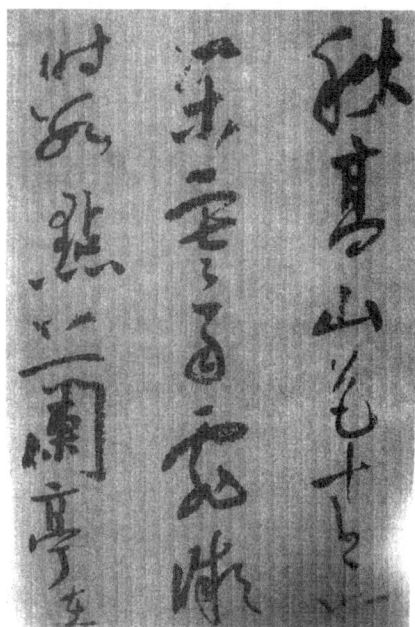

图 5　诗草书帖（"秋高山色青如染"）

南宋·陆游

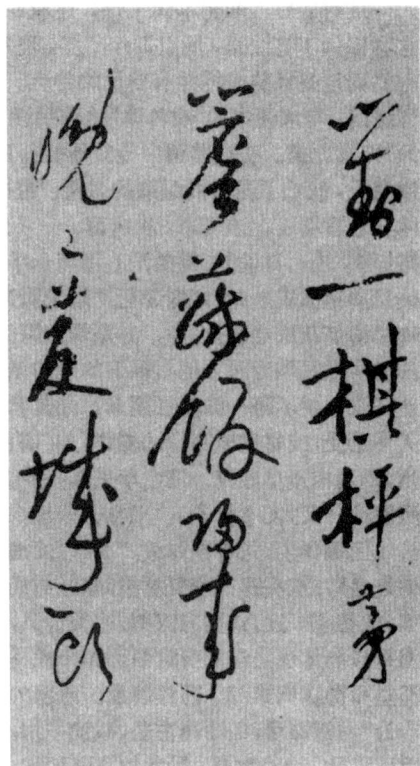

图 6　诗行草书帖
南宋·陆游

图 7　《冬晚山房书事》诗意图
清·王翚

图 8 　《暮春龟堂即事》诗意图
清·王翚

图 9 　《送客至江上》诗意图
清·王翚

图 10　《上虞逆旅见旧题岁月感怀》诗意图
清·王翚

图 11　钗头凤词碑墙
浙江绍兴沈园

《钗头凤》词写的爱情悲剧

陆游 20 岁时，与舅父唐闳之女唐琬结婚。二人情投意合，很是亲密。但唐氏始终不得陆母的欢心，不得已，二人被迫离异。唐琬后另嫁同郡赵士程。一年春日出游，三人相遇于禹迹寺南之沈园，唐氏语告其夫，赵士程为之致酒肴共饮。陆游怅然不已，赋《钗头凤》词。词云：

> 红酥手，黄滕酒，满城春色宫墙柳。东风恶，欢情薄。一怀愁绪，几年离索。错！错！错！　　春如旧，人空瘦，泪痕红浥鲛绡透。桃花落，闲池阁。山盟虽在，锦书难托。莫！莫！莫！

唐琬有和《钗头凤》词一首，词云：

> 世情薄，人情恶，雨送黄昏花易落。晓风干，泪痕残。欲笺心事，独语斜阑。难！难！难！　　人成各，今非昨，病魂常似秋千索。角声寒，夜阑珊。怕人寻问，咽泪装欢。瞒！瞒！瞒！

词成之后，没过多久，唐琬就怏怏而卒。（见《耆旧续闻》）。据南宋周密《齐东野语·放翁钟情前室》说，唐琬死后四十余年间，陆游至少五作诗、词叙写这段悲情。其中，最著名的当数他 75 岁时写的《沈园》二首。诗云：

> 城上斜阳画角哀，沈园非复旧池台。
> 伤心桥下春波绿，曾是惊鸿照影来。
>
> 梦断香消四十年，沈园柳老不吹绵。
> 此身行作稽山土，犹吊遗踪一泫然。

5. 辛弃疾

图 1　辛弃疾画像

《稼轩集》插页

图 2　《金菊对芙蓉·远水生光》词意图

明刊本《诗馀画谱》

图 3　《醉太平》词意图

清·费丹旭《仕女图册》

6. 姜夔

图1　姜夔画像
宋·白良玉画
清·林则徐书姜夔自题画像诗
清道光元年（1821年）刻石

图2　姜夔《昔游》诗之六诗意图
清·罗聘

图 3 《昔游》诗之十二诗意图

清·罗聘

图 4 "小红低唱我吹箫"诗意图

清·何元俊

姜夔对垂虹桥最是偏爱。有一次，他在那里与挚友范成大告别，与小红坐船远去，留下诗作一首："自作新词韵最娇，小红低唱我吹箫。曲终过尽松陵路，回首烟波十四桥。"（《过垂虹》）此图表现的正是在松荫掩映下，一叶轻舟，小红低唱，姜夔吹箫的情景。

图5　小红低唱图
清·任颐

图6 "更洒菰蒲雨"词意图
清·任熊

此图以轻笔淡墨描画美人、景物，敷以淡彩。画家在绣层的粉墙上题上数字："绣屋招凉，更洒菰蒲雨。宋人词意。"表示自己这幅画，用宋人词意画成。"更洒菰蒲雨"句，原出宋姜夔《念奴娇》词：

余客武陵，湖北宪治在焉：古城野水，乔木参天。余与二三友，日荡舟其间。薄荷花而饮，意象幽闲，不类人境。秋水且涸。荷叶出地寻丈，因列坐其下，上不见日。清风徐来，绿云自动。间于疏处，窥见游人画船，亦一乐也。揭来吴兴，数得相羊荷花中，又夜泛西湖，光景奇绝。故以此句写之。

闹红一舸，记来时，尝与鸳鸯为侣，三十六陂人未到，水佩风裳无数。翠叶吹凉，玉容消酒，更洒菰蒲雨。嫣然摇动，冷香飞上诗句。　　日暮，青盖亭亭，情人不见，争忍凌波去？只恐舞衣寒易落，愁入西风南浦。高柳垂阴，老鱼吹浪，留我花间住。田田多少，几回沙际归路。

图7 姜夔《玉梅令》词意图
清·费丹旭

7. 陈亮、刘过、史达祖和真德秀

图 1　陈亮画像

（浙江永康五峰书院挂像）

图 2　刘过画像

清刊本《吴郡名贤图传赞》

图 3　史达祖画像

《图说河南文学史》插图

图 4　真德秀画像
明刊本《武夷山志》

8. 叶绍翁、赵师秀、戴复古和刘克庄

游园不值

南宋·叶绍翁

应怜屐齿印苍苔，小叩柴扉久不开。
春色满园关不住，一枝红杏出墙来。

约　客

南宋·赵师秀

黄梅时节家家雨，青草池塘处处蛙。
有约不来过夜半，闲敲棋子落灯花。

图 1　闲敲棋子（赵师秀《约客》诗意图）
清·禹之鼎

图 2　戴复古《月夜舟中》诗意图
明刊本《明解增和千家诗注》

图 3　刘克庄《闻笛》诗意图
明刊本《明解增和千家诗注》

图 4　刘克庄《初冬》诗意图

明刊本《明解增和千家诗注》

9. 吴文英、周晋、周密和蒋捷

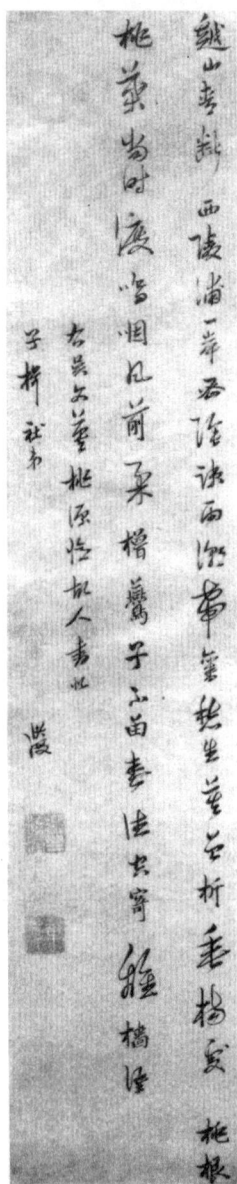

图1　吴文英《桃源忆故人》词行书帖

明·陈洪绶

图 2　吴文英《唐多令·何处合成愁》词意图

近代·周慕桥

图 3　周晋《点绛唇·午梦初回》词意图

近代·周慕桥

点绛唇

南宋·周晋

午梦初回，卷帘尽放春愁去。昼长无侣。自对黄鹂语。

絮影蘋香，春在无人处。移舟去。未成新句。一砚梨花雨。

眼儿媚

南宋·周密

飞丝半湿惹归云。愁里又闻莺。淡月秋千，落花庭院，几度黄昏。　　十年一梦扬州路，空有少年心。不分不晓，恹恹默默，一段伤春。

图4　周密《眼儿媚·飞丝半湿惹归云》词意图
现代·杨无恙

图 5　周密《浣溪沙·浅色初裁试暖衣》词意图

现代·杨无恙

图 6　周密《点绛唇·雪霁寒轻》词意图

现代·杨无恙

一剪梅·舟过吴江

南宋·蒋捷

一片春愁待酒浇。江上舟摇。楼上帘招。秋娘渡与泰娘娇。风又飘飘。雨又萧萧。　　何日归家洗客袍？银字笙调。心字香烧。流光容易把人抛。红了樱桃。绿了芭蕉。

图7　"红了樱桃，绿了芭蕉"（蒋捷《一剪梅》词意图）

清·费丹旭

十二、唐宋及历代才女诗文

1. 卓文君、班婕妤和班昭

卓文君，西汉临邛（今四川邛崃）人。县富豪卓王孙之女。善鼓琴，通音律，能诗文，丧夫后家居。家宴时被司马相如（前179—前117年）以琴心挑动而与之夜奔，逃往成都。曾在成都当垆卖酒。

《西京杂记》（旧题汉代刘歆撰，后人考证当为晋代葛洪著）中说：

> 司马相如初与卓文君还成都，居贫愁懑，以所着鹔鹴裘就市人阳昌贳酒，与文君为欢。既而文君抱颈而泣曰："我平生富足，今乃以衣裘贳酒！"遂相与谋，于成都卖酒。相如亲着犊鼻裈涤器，以耻王孙。王孙果以为病，乃厚给文君，文君遂为富人。

> 文君姣好，眉色如望远山，脸际常若芙蓉，肌肤柔滑如脂。十七而寡，为人放诞风流，故悦长卿之才而越礼焉。

长卿素有消渴疾，及还成都，悦文君之色，遂以发痼疾。乃作《美人赋》，欲以自刺，而终不能改，卒以此疾至死。文君为诔，传于世。

《西京杂记》中载有卓文君作《白头吟》诗一首：

> 司马相如将聘茂陵人女为妾，卓文君作《白头吟》以自绝，相如乃止。

图1　卓文君画像
明·佚名

白头吟

汉·卓文君

皑如山上雪，皎若云间月。
闻君有两意，故来相决绝。
今日斗酒会，明旦沟水头。
躞蹀御沟上，沟水东西流。
凄凄复凄凄，嫁娶不须啼。
愿得一心人，白头不相离。
竹竿何袅袅，鱼尾何簁簁！
男儿重意气，何用钱刀为！

图2 卓文君画像
清·王翙《百美新咏》

图3 文君当垆卖酒图
民间版画

班婕妤

班婕妤（健仔），西汉楼烦（今山西宁武）人，《汉书》作者班固的祖姑。成帝时（前32—前7年）选入后宫，初为少使，后立为婕妤。著有诗文集一卷，已佚。今存《自悼赋》，《捣素赋》及《怨歌行》（或称《团扇歌》）等，文辞哀婉动人。

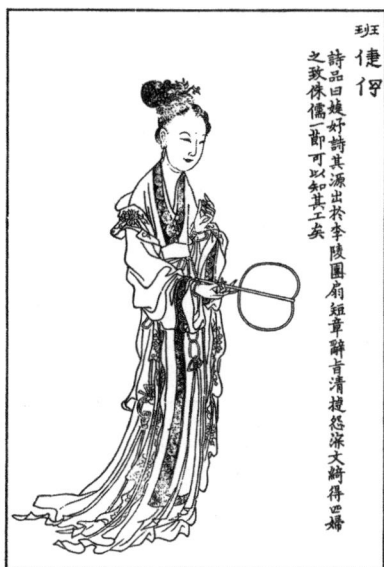

图 4　班婕妤画像
清·上官周《晚笑堂画传》

图 5　班婕妤
清·邱寿眉《新增百美图说》

班昭（49—120年），一名姬，字惠班，东汉扶风（今陕西咸阳东北）人。班彪之女，班固之妹。曾奉和帝之命，与马续共续《汉书》。著有赋、铭等十六篇，集三卷，不传。今存《东征赋》《女诫》。

图 6　班昭画像
清·金古良《无双谱》

怨歌行

汉·班姬

新裂齐纨素，皎洁如霜雪。
裁成合欢扇，团团似明月。
出入君怀袖，动摇微风发。
常恐秋节至，凉飙夺炎热。
弃捐箧笥中，恩情中道绝。

图 7　班姬团扇

明·唐寅

唐宋名家诗文书画图事

2. 蔡琰

蔡琰与《胡笳十八拍》

《胡笳十八拍》，传为汉末女诗人蔡琰所作。

蔡琰（177—?），字文姬，又字班姬，陈留郡圉（今河南杞县）人，东汉末年著名学者、文学家、书法家和音乐家蔡邕的女儿。蔡邕冤死狱中后，蔡琰于战乱中被羌胡兵所掳，流落至南匈奴（今山西一带），为左贤王所纳。在胡十二年，生有二子。后为曹操以金璧赎回国中。蔡琰存有自传体五言长篇叙事诗《悲愤诗》一首。

《胡笳十八拍》共分十八章，一拍即一章，故名。全诗一千二百余字，先写国家混乱，民不聊生，自己被掳入南匈奴；冉写被赎归，与二子别离的悲伤情景；最后直抒怨恨之情。明代佚名作者的《胡笳十八拍图》，即按诗节画成的组画。宋代陈居中等人的《文姬归汉图》则集中描绘了文姬归汉时与左贤王和二子离别的情景。

图1　文姬归汉图
宋·陈居中

图 2　文姬归汉图

南宋·陈居中

图 3　文姬归汉图

南宋·佚名

图 4　文姬归汉图

南宋·佚名

图 5　文姬归汉图

金·张瑀

图 6　胡笳十八拍图
明人摹宋绘本

图 7　《胡笳十八拍·第八拍》诗意图
明·佚名

　　"为（谓）天有眼兮何不见我独漂流？为（谓）神有灵兮何事处我天南海北头？我不负天兮天何配我殊匹？我不负神兮神何殛我越荒州？"（《胡笳十八拍》第八拍）。相传此诗为蔡琰（文姬）所作，内容与《悲愤诗》相同。但后世学者或有质疑，难以考定。

图 8 《胡笳十八拍·第八拍》诗意图

明·佚名

图 9 蔡文姬归汉图

清·苏州陆嘉顺刻本

图 10　蔡文姬画像

清·王翙《百美新咏》

图 11　赎姬归汉图

清·吴友如

3. 苏蕙与苏伯玉妻

　　东晋女诗人苏蕙，字若兰，武功县（今属陕西）人。著有诗文五千余言传于世，今仅存《璇玑图》诗。苏蕙之夫窦滔，前秦苻坚时为秦州刺史，因罪被徙流沙。苏蕙思念甚切，乃织锦为《回文璇玑图诗》以赠。（武则天《璇玑图序》中，则有较详尽的另一叙说。）

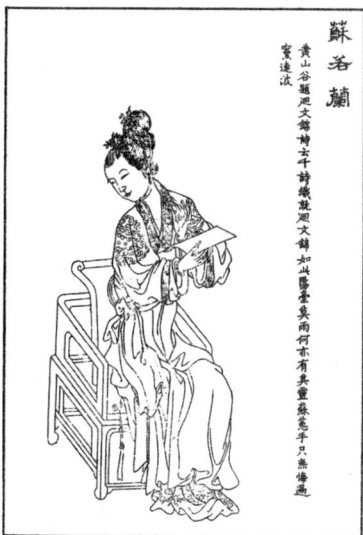

图 1　苏若兰画像

清·上官周《晚笑堂画传》

图 2　苏若兰作《回文诗》图

清·王翙《百美新咏》

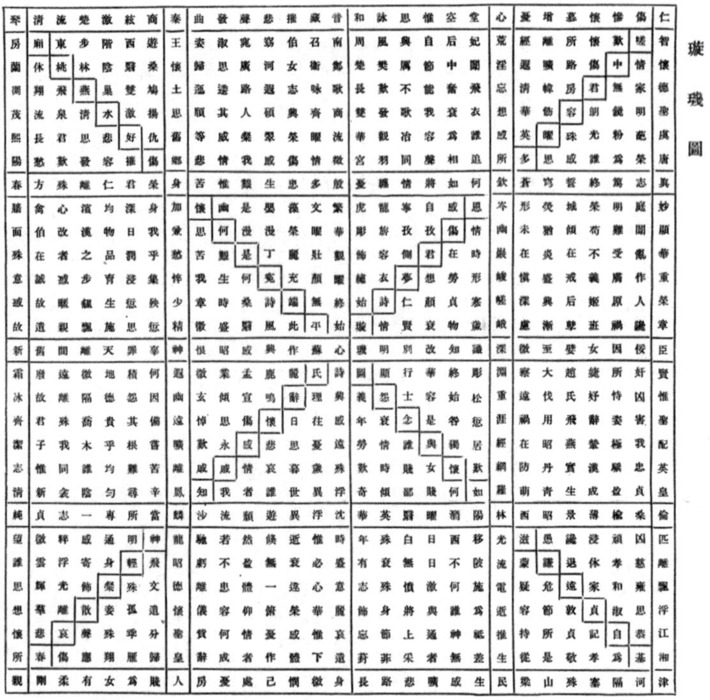

图3　苏若兰《璇玑图》

回文诗（璇玑图、盘中诗）是我国古代的一种杂体诗。回文，就是文字秩序形式上的回绕，回文诗就是可以顺读、倒读的诗篇。有的可以反复回旋，得诗更多，如苏蕙思念其夫窦滔，织锦为《回文璇玑图诗》，计841字，可得诗3800余首。大约由于回文诗"回环屈曲之妙，妇人聪慧细心或能为之"，所以古代写回文诗的妇女相当多。写回文诗，大多带有文字游戏的性质，但其中也不乏优秀之作，如现存流传最早的晋人苏伯玉妻的《盘中诗》。

图 4　盘中诗图

东晋·苏伯玉妻

苏伯玉妻写《盘中诗》

东晋时的苏伯玉，被使在蜀，久而不归。其妻居长安，作《盘中诗》以表达思念之情。苏伯玉妻的这首诗，是我国存世最早的一首《盘中诗》。明代钟惺评其为："诗奇、事奇、想奇，高文妙技，横绝千古。"

这首《盘中诗》的读法为：

山树高，鸟啼悲。泉水深，鲤鱼肥。

空仓雀，常苦饥。吏人妇，会夫稀。

出门望，见白衣。谓当是，而更非。

还入门，中心悲。

北上堂，西入阶。急机绞，抒声催。

长叹息，当语谁。君有行，妾念之。

山有日，还无期。结巾带，长相思。

4. 唐五代才女

初唐才女上官婉儿（664—710 年），陕州（今河南陕县）人。唐初诗人上官仪之孙。婉儿聪颖能文，年仅十四岁即为武则天内掌诏命。中宗时封为昭容。开元初，编其诗文为二十卷，已佚。现仅存诗三十二首。

婉儿常代皇帝品评群臣所赋之诗。如沈佺期和宋之问有两诗不相上下，婉儿以尾句高昂有力、评宋诗为优就是一则有名的故事。

图 1　上官婉儿画像
清·王翙《百美新咏》

江采蘋，莆田人。唐玄宗妃子，因所居都种有梅花，玄宗戏名其为"梅妃"。梅妃善为诗文，自比才女谢道韫。初为玄宗宠幸，为杨玉环所嫉，被疏远。玄宗曾密赐其珍珠一斛，梅妃不受，作《谢赐珍珠》诗一首示意。

梅妃

图 2　梅妃画像
清·王翙《百美新咏》

薛涛（？—约832年），字洪度（弘度），原籍长安（今陕西省西安市）。幼时随父薛郧仕宦入蜀，父母死后，沦为乐妓。后脱籍，居成都西郊浣花溪。聪慧工诗，时称"女校书"。与当时著名诗人白居易、元稹、刘禹锡等均有唱和往还。好制松花（红色）小笺，人称"薛涛笺"。有《洪度集》一卷。

图3　薛涛画像

清·王翔《百美新咏》

鱼玄机（约844—871年），字幼微，一字蕙兰，长安（今陕西省西安市）人。本市民家女，姿色秀丽，有才思，善诗文。15岁被李亿纳为妾，但为夫人所妒而不能容，被遣出家，在长安咸宜观为女道士。曾漫游江陵等地以遣怀，与文士温飞卿等交往赠诗。后因杀侍婢绿翘，被京兆尹温璋处死。有《鱼玄机集》一卷，《全唐诗》中存诗48首。

元机，即鱼玄机，因避清帝康熙玄烨之讳而改称。《元机诗意图》的上部题辞，右为画家题款，左为自署为古华山人的沈吾的识款，记叙了画家作画的由来，是改琦仿清代画家余集（1738—1823年）《元机诗意图》而创作的。图中元机坐在一张酸枝椅上，左手持诗卷置于左腿盘膝处，右手倚放酸枝椅的扶手上，文静、娟秀、聪慧而富有才情，却笼罩着一种遭遇不幸的悲剧氛围。

图4　元机诗意图

清·改琦

柳氏，中唐诗人韩翃之爱妾。安史之乱中，独留都下的柳氏，削发入法灵寺避乱，为番将所掳。后被救出，与韩翃团聚。韩翃作诗《寄柳氏》（又题《章台柳》）说："章台柳，章台柳，往日依依今在否？纵使长条似旧垂，也应攀折他人手。"柳氏作诗《答韩翃》（又题《杨柳枝》）说："杨柳枝，芳菲节，可恨年年赠离别。一叶随风忽报秋，纵使君来岂堪折！"（见唐·孟棨《本事诗》）

图5　柳氏画像

清·王翙《百美新咏》

花蕊夫人，姓徐，或说姓黄，名未详。青城（今四川省灌县东南）人。后蜀主孟昶的妃子，才慧美貌，号花蕊夫人，宠冠后庭。

花蕊夫人曾效唐代诗人王建作《宫词》157首，清新俊雅，尤有思致。当她被宋兵俘获，入备后宫后，宋太祖听说了她的才思，就召见她并令其陈诗，花蕊夫人即吟诵了《述国亡诗》。有说当宋太祖问她后蜀灭亡的原因时，她当即吟诵了此诗，所以诗题一作《口占答宋太祖》。诗曰：

君王城上竖降旗，妾在深宫那得知。十四万人齐解甲，宁无一个是男儿？

图6　花蕊夫人画像

清·王翙《百美新咏》

5. 李清照

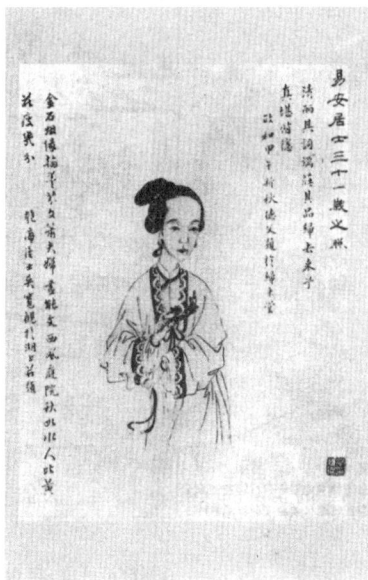

图1　易安居士三十一岁之照
宋·佚名

图2　李清照画像
明刊本《千秋绝艳图》

　　李清照（1084—约1155年），号易安居士，济南（今属山东）人。著名学者李格非之女，金石考据学家赵明诚之妻。曾与赵明诚共事金石研究。靖康乱后，随朝廷南奔。赵明诚病死途中，李清照从此只身流寓，晚年孀居金华。其词以南渡为界，前期多写闺怨相思之情，后期于身世悲慨中寄寓亡国之恸。词风婉约，多用白描手法，语言清丽晓畅。后人辑有《漱玉词》，今人有《李清照集校注》。

清代画家姜壎（1764—1821 年）题此图为《济南李清照酴醾春去图照》。在题一首七律诗后，短跋中说："易安小像，宋欧阳小更所作，藏华注山木樨庵，有耶律文正王题，岁久晦黑，中书行省铁大鸿胪风雅宗匠，命王绎重摹二本，因系以诗。"后署款为"姜壎模王绎本"。

王绎为元末肖像画家。跋中说的耶律文正王即元代诗人耶律楚材，元太宗时任中书令，死后封广宁王，谥文正。

此图画李清照身着绮服，手持折枝酴醾花，正沉浸于花香之中。

图 3　济南李清照酴醾春去图照
清·姜壎

图 4　李清照画像

清·崔错

如梦令·春景

北宋·李清照

昨夜雨疏风骤，浓睡不消残酒。试问卷帘人，却道海棠依旧。知否？知否？应是绿肥红瘦。

图 5　《如梦令·春景》词意图

明刊本《诗馀画谱》

图6 《凤凰台上忆吹箫》词意图

明刊本《诗馀画谱》

凤凰台上忆吹箫

北宋·李清照

香冷金猊，被翻红浪，起来慵自梳头。任宝奁尘满，日上帘钩。生怕离怀别苦，多少事、欲说还休。新来瘦，非干病酒，不是悲秋。

休休！这回去也，千万遍阳关，也则难留。念武陵人远，烟锁秦楼。惟有楼前流水，应念我、终日凝眸。凝眸处，从今又添，一段新愁。

画上题李清照《醉花阴·重阳》全词：

醉花阴·重阳

北宋·李清照

薄雾浓云愁永昼，瑞脑消金兽。佳节又重阳，玉枕纱厨，半夜凉初透。

东篱把酒黄昏后，有暗香盈袖。莫道不销魂，帘卷西风，人比黄花瘦。

图 7　梧桐仕女图（李清照《醉花阴·重阳》词意图）

清·王素

6. 朱淑真、孙道绚、管道昇和柳如是

朱淑真，钱塘（今浙江省杭州市）人，一说海宁（在今浙江省北部）人，自号幽栖居士。一般认为她是南宋人，朱熹的侄女。也有说她为北宋人，"与曾布妻魏氏为词友"。生于仕宦家庭，世居桃村。嫁市民为妻，郁郁而死。工诗词，词意凄厉悲凉。后人辑有《断肠集》二卷、《断肠词》一卷传世。

图1　朱淑真画像
清·王翙《百美新咏》

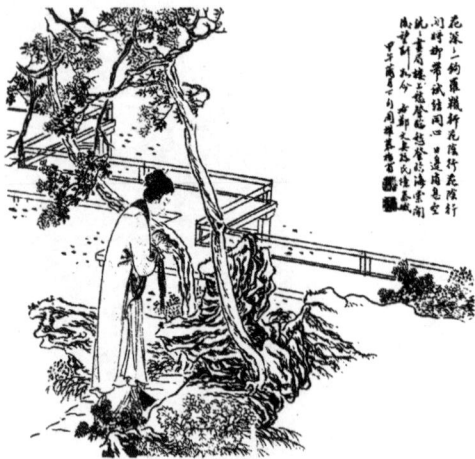

图2　孙道绚《忆秦娥》词意图
近代·周慕桥

忆秦娥

南宋·孙道绚

花深深，一钩罗袜行花阴。行花阴，闲将柳带，细结同心。

日边消息空沉沉，画眉楼上愁登临。愁登临，海棠开后，望到如今。

南乡子

南宋·孙道绚

晓日压重檐，斗帐春寒
起未忺。天气困人梳洗懒，
眉尖，淡画春山不喜添。

闲把绣丝挦，认得金针
又倒拈。陌上游人归也未？
恹恹，满院杨花不卷帘。

孙道绚，号冲虚居士。
南宋太学生郑文之妻，黄铢
之母，或称"孙夫人"。

图3 孙道绚《南乡子》词意图
清·任熊

图 4　管道昇画像
清·王翙《百美新咏》

　　管道昇（1260—1319 年），字仲姬，一字瑶姬，吴兴（今属浙江省）人，世称管夫人，丈夫为著名书画家赵孟頫。工书法，精于诗画，尤擅画墨竹、梅兰。有《墨竹谱》一卷。

　　皇庆元年（1312 年）赵孟頫请假归里，为先人立碑。管道昇随行。次年，使者来召，夫妇俩回到京师。管道昇的《渔父词》四首，即大约作于此时。其第一首咏故乡的梅："山月照，晚风吹，只为清香苦欲归。"第二首说："名与利，付之天，笑把渔竿上画船。"第三首说："身在燕山近帝居，归心日夜忆东吴。斟美酒，脍新鱼，除却清闲总不如。"其第四首为："人生贵极是王侯，浮名浮利不自由。争得似，一叶扁舟，弄月吟风归去休。"

　　管道昇还写过一首《泥人词》："把一块泥，捻一个尔，塑一个我。将咱两个一齐打破，用水调和，再捻一个尔，再塑一个我。我泥中有尔，尔泥中有我。"表现她与赵孟頫之间的夫妻融洽，历来为人传颂。

明末清初女诗人柳如是（1618—1664 年），江苏吴江人。本姓杨，名爱。改姓柳，名隐，字如是，号河东君。初为名妓，后为著名文人钱谦益之妾。明亡，劝钱自杀殉国，不从。钱病死后，因家族争夺家产纠纷，柳如是愤而自杀。柳如是能工诗文，善书画。其诗情辞婉丽，间杂幽怨情怀。有《戊寅草》《柳如是诗》等。

图 5　河东夫人柳如是画像

明末·吴焯